확장판

나만의 주제별
영단어 학습 플래너

VOCA PLANNER

중등 기본

신문섭

 DARAKWON

신문섭 혜화여자고등학교 교사
서울대학교 사범대학 영어교육과 졸업

VOCA PLANNER 중등 기본

지은이 신문섭
펴낸이 정규도
펴낸곳 (주)다락원

초판 1쇄 발행 2025년 1월 2일

편집 정연순
디자인 박나래, 포레스트
영문 감수 Michael A. Putlack

다락원 경기도 파주시 문발로 211
내용 문의 (02)736-2031 내선 501
구입 문의 (02)736-2031 내선 250~252
Fax (02)732-2037
출판 등록 1977년 9월 16일 제406-2008-000007호

ISBN 978-89-277-8098-4 54740
     978-89-277-8097-7 54740 (set)

http://www.darakwon.co.kr
다락원 홈페이지를 방문하시면 상세한 출판 정보와 함께 MP3 자료
등의 다양한 어학 정보를 얻으실 수 있습니다.

주제별로 핵심 어휘만 쏙쏙 뽑은
VOCA PLANNER
중등 시리즈 확장판 소개

☆ **VOCA PLANNER 중등 시리즈 확장판**은 중등 기본 단계를 새롭게 추가하여 〈중등 기본〉, 〈중등 필수〉, 〈중등 심화〉 총 3단계로 확장 구성했습니다. 중학생이 꼭 알아야 할 필수 어휘를 좀 더 촘촘하게 학습할 수 있습니다.

☆ 최신 교육 과정 권장 어휘 및 주요 중학 교과서를 분석하여 중요 어휘만 담았습니다.

☆ 소주제로 주제를 세분화하여 어휘의 뜻을 주제에 맞게 연상하며 학습할 수 있습니다.

☆ 새롭게 추가된 **Review Plus** 코너를 통해 예문 속 중요 숙어·표현 복습 및 혼동어 학습을 할 수 있습니다.

☆ 플래너 기능이 담긴 **미니 단어장**이 새롭게 추가되어, 휴대하며 어휘를 학습할 수 있습니다.

VOCA PLANNER 중등 시리즈 확장판 단계

중등 기본
표제어 800개 수록
대상 예비중~중1 | 예비중·중학생이 기본적으로 알아야 할 초급 어휘

중등 필수
표제어 1,000개 수록
대상 중1~중2 | 중학생이 기본적으로 알아야 할 초·중급 어휘

중등 심화
표제어 1,000개 수록
대상 중3~예비고 | 중학 고급~예비고 수준의 어휘

VOCA PLANNER 특징 및 활용법

① **소주제별로 관련 표제어가 묶여 있어 어휘 뜻 암기에 효과적**

소주제로 묶어 서로 연관된 어휘들의 뜻을 연상하면서 암기합니다.

② **표제어의 뜻을 잘 보여주는 최적의 예문**

어휘의 뜻을 잘 보여주는 예문을 읽어보며 어휘의 쓰임을 익힙니다.

③ **어휘 학습에 도움을 주는 다양한 팁**

비슷한 단어의 뉘앙스 차이, 영영 풀이, 동·반의어, 파생어 등 팁을 읽어 보며 어휘를 자세히 익힙니다.

④ **워드맵과 문장 빈칸 채우기로 확실한 복습**

소주제에 맞게 분류한 워드맵과 본문에 나온 문장의 빈칸 채우기 연습으로 어휘를 확실하게 복습합니다.

⑤ **Day별 4가지 버전의 MP3 듣기 활용**

〈표제어 개별/전체 듣기〉로 표제어의 뜻을 떠올려보고, 〈표제어+우리말 뜻 듣기〉로 뜻 확인 후,
〈표제어+우리말 뜻+예문 듣기〉로 예문까지 모두 들으며 어휘의 쓰임을 확실하게 학습합니다.

⑥ **Day별 학습 진도 체크 표**

하루하루 해야 할 학습 진도표에 학습했는지 여부를 체크하면서 학습하세요.

학습하기 전 알아두기

ⓝ 명사 | ⓥ 동사 | ⓐ 형용사 | ⓐⓓ 부사 | prep 전치사 | pron 대명사 | conj 접속사
★ 어원과 팁 표시 | 🔊 예문의 핵심 표현 정리 | 🔠 영영 풀이 표시 | ✚ 파생어 표시

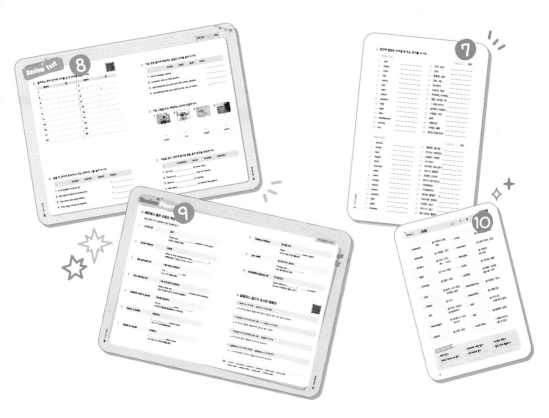

⑦ **매일매일 누적테스트**

Days 1-2, Days 2-3 방식으로 하루씩 누적한 테스트로 앞에 학습한 어휘도 누적하여 복습합니다.

⑧ **다양한 문제 유형으로 구성한 Review Test**

매 PLAN마다 받아쓰기, 영영 풀이, 동·반의어, 문장 빈칸 완성 등 다양한 문제를 통해 핵심 어휘들을 한 번 더 점검합니다.

⑨ **중요 숙어•표현 및 혼동어를 점검하는 Review Plus**

두 PLAN 마다 예문 속에 있는 중요 숙어나 표현을 한 번 더 확실히 점검하고, 표제어와 연관된 혼동어를 함께 학습합니다.

⑩ **휴대용 미니 단어장**

미니 단어장 속의 To-Do List에 할 일을 체크하면서 어휘를 암기합니다.

온라인 부가자료 (www.darakwon.co.kr)
다락원 홈페이지에서 무료로 다양한 부가자료를 다운로드하거나 웹에서 이용할 수 있습니다.

- **각종 추가 테스트지 제공**
- **4가지 버전의 MP3 듣기 파일**
  표제어 전체 듣기 | 표제어 개별 듣기 | 표제어+우리말 뜻 듣기 | 표제어+우리말 뜻+예문 듣기
- **5가지 유형의 문제 출제가 가능한 문제출제프로그램 제공**
  영어 단어 쓰기 | 우리말 뜻 쓰기 | 영영 풀이 보고 어휘 쓰기 | 문장이나 어구 빈칸 채우기 |
  음성 받아쓰기(단어를 듣고 단어와 우리말 뜻 쓰기)

VOCA PLANNER 중등 기본 목차

VOCA PLANNER 학습 계획표

매일매일 계획을 세워 Day별로 날짜를 쓰면서 단어를 외워보세요. 한 책을 다 학습한 후 2회독하면 더욱 더 중등 기본 어휘를 내 것으로 만들 수 있어요.

		1회독			2회독		
PLAN 1	Day 1	년	월	일	년	월	일
	Day 2	년	월	일	년	월	일
	Day 3	년	월	일	년	월	일
	Day 4	년	월	일	년	월	일
PLAN 2	Day 5	년	월	일	년	월	일
	Day 6	년	월	일	년	월	일
	Day 7	년	월	일	년	월	일
	Day 8	년	월	일	년	월	일
PLAN 3	Day 9	년	월	일	년	월	일
	Day 10	년	월	일	년	월	일
	Day 11	년	월	일	년	월	일
PLAN 4	Day 12	년	월	일	년	월	일
	Day 13	년	월	일	년	월	일
	Day 14	년	월	일	년	월	일
	Day 15	년	월	일	년	월	일
PLAN 5	Day 16	년	월	일	년	월	일
	Day 17	년	월	일	년	월	일
	Day 18	년	월	일	년	월	일
	Day 19	년	월	일	년	월	일
PLAN 6	Day 20	년	월	일	년	월	일
	Day 21	년	월	일	년	월	일
	Day 22	년	월	일	년	월	일

		1회독			2회독		
PLAN 7	Day 23	년	월	일	년	월	일
	Day 24	년	월	일	년	월	일
	Day 25	년	월	일	년	월	일
PLAN 8	Day 26	년	월	일	년	월	일
	Day 27	년	월	일	년	월	일
	Day 28	년	월	일	년	월	일
	Day 29	년	월	일	년	월	일
PLAN 9	Day 30	년	월	일	년	월	일
	Day 31	년	월	일	년	월	일
	Day 32	년	월	일	년	월	일
	Day 33	년	월	일	년	월	일
PLAN 10	Day 34	년	월	일	년	월	일
	Day 35	년	월	일	년	월	일
	Day 36	년	월	일	년	월	일
PLAN 11	Day 37	년	월	일	년	월	일
	Day 38	년	월	일	년	월	일
	Day 39	년	월	일	년	월	일
	Day 40	년	월	일	년	월	일

PLAN

1

개인 생활

person 사람, 개인
age 나이
tall 키가 큰

glad 기쁜
sad 슬픈
lonely 외로운

사람

감정

개인
생활

성격과
태도

관심

kind 친절한
honest 정직한
lazy 게으른

hobby 취미
swim 수영하다
goal 목표, 목적

MP3 듣기

✤ 개인과 집단

001 · person
[pə́:rsən]

ⓝ (개개의) 사람, 개인

Mr. Smith is a nice **person**.
Smith 씨는 좋은 **사람**이다.

---

002 · people
[pí:pl]

ⓝ 1 사람들   2 국민

There are a lot of **people** in the park.
공원에 **사람들**이 많다.

the Korean **people** 한국 **국민**

---

003 · every
[évri]

ⓐ 1 모든, 모두   2 매~, ~마다

Every person has a name.
모든 사람은 이름이 있다.

every morning **매일** 아침

★ every 뒤에 다양한 때를 나타내는 말이 와서 '매~, ~마다'의 의미로 쓰인다.
: every Friday 매주 금요일 / every weekend 매 주말 / every summer
여름마다

✤ 나이와 성별

004 · age
[eidʒ]

ⓝ 나이, 연령

at the **age** of 10 열 살에
Don't ask others their **age**.
다른 사람들에게 **나이**를 묻지 마라.

---

005 · young
[jʌŋ]

ⓐ 젊은, 어린

Most **young** people use smartphones every day.
대부분의 **젊은** 사람들은 스마트폰을 매일 사용한다.

---

006 · old
[ould]

ⓐ 1 늙은, 나이 먹은 ↔young   2 오래된, 낡은

An **old** lady was sitting on the bench.
한 **노부인**이 벤치에 앉아 있었다.

His car is very **old**.
그의 차는 매우 **오래되었다**.

PLAN 1

007 • baby
[béibi]

ⓝ 아기

Her **baby** is sleeping.
그녀의 **아기**가 자고 있다.

---

008 • kid
[kid]

ⓝ 아이, 어린이   ⊜ child   ⓥ 농담하다

A **kid** is holding a balloon.
한 **아이**가 풍선을 들고 있다.
No **kidding**. **농담** 아니야.(진심이야.)

---

009 • teenager
[tí:nèidʒər]

ⓝ 십대(13-19세 청소년)

A kid becomes a **teenager** at 13.
아이는 13살에 **십대**가 된다.

---

010 • adult
[ədʌ́lt]

ⓝ 어른, 성인

Some teenagers want to be **adults** soon.
어떤 십대들은 빨리 **어른**이 되고 싶어 한다.

🔲 a person who is fully grown (완전히 자란 사람)

---

011 • man
[mæn]

ⓝ (성인) 남자, 남성

A **man** was in the car.
한 **남자**가 차 안에 있었다.

★ 복수형은 men이다.

---

012 • woman
[wúmən]

ⓝ (성인) 여자, 여성   ↔ man

The **woman** in the picture is Susan.
사진 속의 그 **여자**는 Susan이다.

★ 복수형은 women이다.

---

013 • female
[fí:meil]

ⓐ 여성의   ⓝ 여성   ↔ male 남성(의)

She was the first **female** doctor in India.
그녀는 인도 최초의 **여성** 의사였다.

✛ 외모

014 ● cute
[kju:t]

ⓐ 귀여운, 예쁜

The little kid is so **cute**.
그 어린아이는 정말 **귀엽다**.

015 ● pretty
[príti]

ⓐ 예쁜, 귀여운   ad 꽤; 아주

Cinderella is a **pretty** girl.
신데렐라는 **예쁜** 소녀이다.

I had a **pretty** good day. 나는 **꽤** 좋은 하루를 보냈다.

★ pretty는 보통 여자아이나 여성의 외모에 대해 표현할 때 쓴다.

016 ● handsome
[hǽnsəm]

ⓐ 잘생긴, 멋진   ↔ ugly 못생긴, 추한

Who is that **handsome** man over there?
저쪽에 있는 저 **잘생긴** 남자는 누구지?

★ handsome은 보통 남자의 외모를 표현할 때 쓴다.

017 ● beautiful
[bjú:tifəl]

ⓐ 아름다운

Mona Lisa was a **beautiful** woman.
모나리자는 **아름다운** 여성이었다.

✛ beauty ⓝ 아름다움, 미

018 ● tall
[tɔ:l]

ⓐ 1 키가 큰   ↔ short 키가 작은   2 (건물 등이) 높은

Goliath was a very **tall** man.
골리앗은 매우 **키가 큰** 남자였다.

a **tall** building 높은 건물

019 ● fat
[fæt]

ⓐ 뚱뚱한, 살찐   ↔ slim 날씬한

I was very **fat**, but now I'm slim.
나는 아주 **뚱뚱**했지만 지금은 날씬하다.

020 ● look like

~처럼 보이다; ~할 것 같다

What does your brother **look like**? - He is tall.
네 형은 어떻게 **생겼니**? – 키가 커.

It **looks like** it's going to snow.
눈이 올 **것 같다**.

Daily Check-up

A 빈칸에 알맞은 우리말 뜻 또는 영어를 써넣어 워드맵을 완성하시오.

사람

개인과 집단

1 _____
(개개의) 사람, 개인

2 _____
people

3 _____
모든; 매~

성별

11 _____
woman

12 _____
남자, 남성

13 _____
여성의; 여성

나이

4 _____
나이, 연령

5 _____
young

6 _____
늙은; 오래된

7 _____
아기

8 _____
kid

9 _____
십대

10 _____
adult

외모

14 _____
귀여운, 예쁜

15 _____
pretty

16 _____
아름다운

17 _____
handsome

18 _____
키가 큰; 높은

19 _____
fat

20 _____
~처럼 보이다

B 우리말을 참고하여 어구 또는 문장을 완성하시오. (필요하면 단어 형태를 바꾸시오.)

1 at the _____ of 10 열 살에

2 The little kid is so _____.
그 어린아이는 정말 귀엽다.

3 What does your brother _____?
네 형은 어떻게 생겼니?

4 There are a lot of _____ in the park.
공원에 사람들이 많다.

5 Some teenagers want to be _____ soon.
어떤 십대들은 빨리 어른이 되고 싶어 한다.

MP3 듣기

021 • feel
[fi:l]
feel-felt-felt

ⓥ (감정·기분이) 들다[느끼다]

How are you **feeling** today?
오늘 **기분**[몸]이 어때요?

I **feel** better today. 나는 오늘 **기분**[몸]이 나아졌다.

✚ feeling ⓝ 느낌, 기분

✚ 긍정·기쁨

022 • like
[laik]

ⓥ 좋아하다 ↔ dislike 싫어하다 prep ~처럼

He **likes** his old car.
그는 자신의 오래된 차를 **좋아한다.**

The kid is cute **like** a puppy.
그 아이는 강아지**처럼** 귀엽다.

023 • happy
[hǽpi]

ⓐ 행복한; 즐거운

a **happy** day **행복한** 날

I feel **happy** when I'm with my friends.
나는 친구들과 함께 있을 때 **행복하다.**

✚ happiness ⓝ 행복

024 • glad
[glæd]

ⓐ 기쁜

I'm **glad** to see you again.
당신을 다시 만나서 **기뻐요.**

025 • excited
[iksáitid]

ⓐ 신이 난, 흥분한

The boy was **excited** to see the toys.
그 남자아이는 장난감들을 보자 **신이 났다.**

🔤 feeling very happy

✚ exciting ⓐ 신나는, 흥미진진한

026 • have fun
have-had-had

즐기다, 즐거운 시간을 보내다

We **had fun** playing games.
우리는 게임을 하면서 **즐거운 시간을 보냈다.**

PLAN 1

---

027 · proud
[praud]

ⓐ 자랑스러운, 자랑스러워하는

I'm **proud** of you.
나는 네가 **자랑스러워**.

↻ be proud of ~를 자랑스러워하다

---

028 · surprised
[sərpráizd]

ⓐ 놀란

We were all **surprised** by the news.
우리는 그 소식에 모두 **놀랐다**.

＋ surprise ⓥ 놀라게 하다

✤ 슬픔·걱정·분노

---

029 · sad
[sæd]

ⓐ 슬픈　↔ happy, glad

My dog is sick. I'm so **sad**.
내 개가 아프다. 나는 너무 **슬프다**.

---

030 · cry
[krai]

ⓥ 1 울다　2 외치다

Cry when you feel sad. 슬플 때는 **울어라**.
A man **cried** for help.
한 남자가 도와달라고 **외쳤다**.

---

031 · tear
[tiər]

ⓝ 눈물

The old woman had **tears** in her eyes.
그 할머니는 눈에 **눈물**이 고였다.

---

032 · afraid
[əfréid]

ⓐ 두려워하는, 무서워하는

Many kids are **afraid** of snakes and spiders.
많은 아이들이 뱀과 거미를 **무서워한다**.

↻ be afraid of ~을 두려워[무서워]하다

---

033 · worried
[wə́:rid]

ⓐ 걱정하는

You look **worried**. 너 **걱정**이 있어 보여.
Many people are **worried** about AI.
많은 사람들이 인공지능에 대해 **걱정한다**.

＋ worry ⓥ 걱정하다

034 • angry
[ǽŋgri]

ⓐ 화가 난, 성난

My dad got **angry** with me.
아빠는 내게 **화가 나셨다**.

035 • hate
[heit]

ⓥ (몹시) 싫어하다, 미워하다

I **hate** eating carrots.
나는 당근 먹는 것을 **싫어한다**.

🔤 to dislike someone or something very much
(누군가나 무언가를 매우 싫어하다)

✦ 기타 감정

036 • sorry
[sɔ́ːri]

ⓐ 1 유감스러운 2 미안한

I am **sorry** that you can't come.
당신이 올 수 없다니 **유감입니다**.

I'm so **sorry**. 정말 **미안해**.

037 • thank
[θæŋk]

ⓥ 감사하다

Thank you for coming.
와주셔서 **감사합니다**.

★ 다양한 감사 표현: Thanks.(고마워.) / Thanks a lot.(정말 고마워.)
Thank you very[so] much.(정말 감사합니다.)

038 • bored
[bɔ́ːrd]

ⓐ 지루해하는

The girl got **bored** with her dolls.
그 여자아이는 자신의 인형들에 **지루해졌다**.

039 • lonely
[lóunli]

ⓐ 외로운, 쓸쓸한

I ate alone and felt **lonely**.
나는 혼자 식사했고 **외로움**을 느꼈다.

🔤 sad because you are not with other people
(다른 사람들과 함께 하지 않아서 슬픈)

040 • strange
[streindʒ]

ⓐ 이상한; 낯선

When Laura saw Jim, she had a **strange** feeling.
Laura는 Jim을 봤을 때 **이상한** 기분이 들었다.

Daily Check-up

A 빈칸에 알맞은 우리말 뜻 또는 영어를 써넣어 워드맵을 완성하시오.

1 _____
(감정·기분이) 들다[느끼다]

긍정·기쁨

2 _____
좋아하다; ~처럼

3 _____
happy

4 _____
기쁜

5 _____
excited

6 _____
놀란

7 _____
proud

8 _____
즐거운 시간을 보내다

슬픔·걱정·분노

9 _____
sad

10 _____
울다; 외치다

11 _____
눈물

12 _____
afraid

13 _____
걱정하는

14 _____
hate

15 _____
화가 난

기타 감정

16 _____
유감스러운; 미안한

17 _____
bored

18 _____
외로운, 쓸쓸한

19 _____
strange

20 _____
감사하다

B 우리말을 참고하여 문장을 완성하시오. (필요하면 단어 형태를 바꾸시오.)

1 I'm _____ of you.
나는 네가 자랑스러워.

2 A man _____ for help.
한 남자가 도와달라고 외쳤다.

3 We were all _____ by the news.
우리는 그 소식에 모두 놀랐다.

4 I ate alone and felt _____.
나는 혼자 식사했고 외로움을 느꼈다.

5 My dad got _____ with me.
아빠는 내게 화가 나셨다.

MP3 듣기

♣ 친절·활발·긍정

041 • kind
[kaind]

ⓐ 친절한, 상냥한 ⓝ 종류

How **kind** of you! 당신은 참 **친절**하시네요!

three **kinds** of birds 세 **종류**의 새

✛ kindness ⓝ 친절

---

042 • smile
[smail]

ⓥ 미소 짓다, 웃다 ⓝ 미소, 웃음

The baby **smiled** brightly.
그 아기는 밝게 **미소 지었다**.

The kid has a big **smile** on his face.
그 아이는 얼굴에 함박**웃음**을 짓고 있다.

---

043 • friendly
[fréndli]

ⓐ 친절한; 다정한 ⊜ kind

He was very **friendly** to me.
그는 내게 아주 **친절했다**.

a **friendly** smile **다정한** 미소

✛ friend ⓝ 친구

---

044 • lively
[láivli]

ⓐ 활기 넘치는, 활발한

Betty is a **lively** girl.
Betty는 **활기 넘치는** 소녀이다.

📖 full of energy; active (활기로 가득 찬; 활발한)

---

045 • funny
[fʌ́ni]

ⓐ 웃기는; 재미있는

She told me a **funny** story.
그녀는 내게 **웃긴** 이야기를 말해주었다.

Andy is so **funny**. Andy는 아주 **재미있다**.

---

046 • laugh
[læf]

ⓥ (소리 내어) 웃다

The funny story made us **laugh**.
그 재미있는 이야기는 우리를 **웃게** 했다.

PLAN 1

047 • **brave**
[breiv]

ⓐ 용감한

The boy wants to be **brave**.
그 남자아이는 **용감해지고** 싶어 한다.

048 • **on one's own**

혼자서; 혼자 힘으로

The girl read the book **on her own**.
여자아이는 **혼자서** 책을 읽었다.

🔲 alone; without any help from others
(혼자서; 다른 이로부터 어떤 도움도 없이)

✦ 차분·정직·현명

049 • **quiet**
[kwáiət]

ⓐ 조용한, 고요한

Christine is **quiet** and friendly.
Christine은 **조용하고** 다정하다.

Please be **quiet** here. 이곳에서는 **조용히** 해주세요.

050 • **calm**
[ka:m]

ⓐ 차분한, 침착한

My mom always stays **calm**.
우리 엄마는 늘 **차분함**을 유지하신다.

051 • **careful**
[kéərfəl]

ⓐ 조심하는, 신중한

a **careful** driver **신중한** 운전자

Be **careful**. The soup is very hot.
조심해. 수프가 아주 뜨거워.

052 • **honest**
[áːnist]

ⓐ 1 정직한 2 솔직한

We like Jamie because she is **honest**.
우리는 Jamie가 **정직해서** 그녀를 좋아한다.

Let's be **honest**. 우리 **솔직해**지자.

🔲 telling the truth or facts (진실이나 사실을 말하는)

╋ honesty ⓝ 정직, 솔직함

053 • **clever**
[klévər]

ⓐ 영리한, 총명한

Thomas Edison was very **clever**.
토머스 에디슨은 매우 **총명했다**.

054 • wise
[waiz]

ⓐ 현명한, 지혜로운

It is **wise** to be honest.
정직한 것이 **현명한** 것이다.

✛ wisdom ⓝ 지혜

✛ 부정적 태도

055 • lie
[lai]
lie-lied-lied

ⓥ 거짓말하다　ⓝ 거짓말

Bob **lied** to me.
Bob이 내게 **거짓말**을 **했다**.

tell a **lie** 거짓말하다

056 • foolish
[fúːliʃ]

ⓐ 어리석은; 바보 같은

a **foolish** idea 어리석은 생각

I was **foolish** to do that.
내가 그것을 한 것은 **어리석었다**.

🔁 not intelligent or not sensible
(똑똑하지 않거나 분별력이 없는)

057 • stupid
[stúːpid]

ⓐ 어리석은, 멍청한　🟰 foolish

It was **stupid** to lie to him.
그에게 거짓말을 한 것은 **어리석었다**.

058 • lazy
[léizi]

ⓐ 게으른

I am **lazy** and like to stay home.
나는 **게으르고** 집에 있는 것을 좋아한다.

059 • give up
give-gave-given

포기하다

Don't **give up**. **포기하지** 마.
He had to **give up** the game.
그는 경기를 **포기해야** 했다.

060 • shout
[ʃaut]

ⓥ 소리치다, 외치다

Don't **shout** at me.
내게 **소리치지** 마.

A 빈칸에 알맞은 우리말 뜻 또는 영어를 써넣어 워드맵을 완성하시오.

성격과 태도

친절·활발·긍정

1 _____
친절한, 상냥한

2 _____
friendly

3 _____
미소 짓다; 미소

4 _____
funny

5 _____
활기 넘치는

6 _____
(소리 내어) 웃다

7 _____
brave

8 _____
혼자서; 혼자 힘으로

차분·정직·현명

9 _____
조용한, 고요한

10 _____
calm

11 _____
정직한; 솔직한

12 _____
careful

13 _____
현명한, 지혜로운

14 _____
clever

부정적 태도

15 _____
거짓말하다; 거짓말

16 _____
어리석은; 바보 같은

17 _____
stupid

18 _____
게으른

19 _____
shout

20 _____
포기하다

B 우리말을 참고하여 문장을 완성하시오. (필요하면 단어 형태를 바꾸시오.)

1 My mom always stays _____.
우리 엄마는 늘 차분함을 유지하신다.

2 Be _____. The soup is very hot.
조심해. 수프가 아주 뜨거워.

3 The funny story made us _____.
그 재미있는 이야기는 우리를 웃게 했다.

4 He had to _____ the game.
그는 경기를 포기해야 했다.

5 The girl read the book on _____.
여자아이는 혼자서 책을 읽었다.

MP3 듣기

✤ 관심과 흥미

---

061 • **hobby**
[háːbi]

ⓝ 취미

My **hobby** is doing magic.
내 **취미**는 마술을 하는 것이다.

---

062 • **favorite**
[féivərit]

ⓐ 가장 좋아하는

Her **favorite** hobby is dancing.
그녀가 **가장 좋아하는** 취미는 춤추는 것이다.

📖 most liked or enjoyed (가장 좋아하거나 즐기는)

---

063 • **enjoy**
[indʒɔ́i]

ⓥ 즐기다

Today, we are **enjoying** a beautiful day.
오늘 우리는 아름다운 하루를 **즐기고 있다.**

I **enjoyed** eating ice cream.
나는 아이스크림 먹는 것을 **즐겼다.**

---

064 • **be interested in**

~에 관심[흥미]이 있다

Jack **is interested in** making cakes.
Jack은 케이크를 만드는 것에 **관심이** 있다.

✚ interest ⓝ 관심, 흥미

---

065 • **be good at**

~을 잘하다 ↔ be poor at ~에 서툴다

Jisu **is good at** writing.
지수는 글쓰기를 **잘한다.**

---

066 • **free**
[friː]

ⓐ 1 자유로운 2 한가한 3 무료의

You're **free** to use this computer.
자유롭게 이 컴퓨터를 사용하세요.

What do you do in your **free** time?
너는 **여가** 시간에 뭘 하니?

for **free** 무료로

067 • popular
[pá: pjələr]

ⓐ 인기 있는

The song is **popular** with teenagers.
그 노래는 10대에게 **인기가 있다.**

✦ 다양한 활동

068 • play
[plei]

ⓥ 1 놀다 　 2 (운동·게임 등을) 하다 　 3 연주하다

My cat is **playing** with a ball.
내 고양이는 공을 가지고 **놀고** 있다.

play basketball 농구를 **하다**

She likes to **play** the drums.
그녀는 드럼 **연주하는** 것을 좋아한다.

069 • collect
[kəlékt]

ⓥ 수집하다, 모으다 　 ⊜ gather

She **collects** coins as a hobby.
그녀는 취미로 동전을 **수집한다.**

✦ collection ⓝ 수집(품)

070 • build
[bild]
build-built-built

ⓥ 짓다, 세우다

My dad is interested in **building** houses.
우리 아빠는 집 **짓는** 것에 관심이 있다.

071 • spend
[spend]
spend-spent-spent

ⓥ 1 (돈을) 쓰다 　 2 (시간을) 보내다

I **spent** a lot of money on clothes.
나는 옷에 돈을 많이 **썼다.**

I **spend** my free time playing with my dog.
나는 여가 시간을 내 개와 놀면서 **보낸다.**

072 • watch
[wɑ:tʃ]

ⓥ 보다, 지켜보다 　 ⓝ 손목시계

My brother enjoys **watching** sports on TV.
우리 형은 TV에서 스포츠를 **보는** 것을 즐긴다.

I have a new **watch**.
나는 새 **손목시계**가 있다.

073 • swim
[swim]
swim-swam-swum

ⓥ 수영하다

I go **swimming** on weekends.
나는 주말마다 **수영하러** 간다.

✤ 꿈과 목표

074 ● dream
[dri:m]

ⓝ 꿈 **ⓥ** 1 (자면서) 꿈을 꾸다 2 (바라는 일을) 꿈꾸다

have a happy **dream** 행복한 **꿈**을 꾸다
He has **dreamed** of being a pianist.
그는 피아노 연주가가 되는 **꿈을 꾸어** 왔다.

★ dream(꿈)은 잠을 잘 때 꾸는 꿈과 바라는 꿈을 모두 의미한다.

---

075 ● goal
[goul]

ⓝ 1 목표, 목적 2 골

Her **goal** is to become a dancer.
그녀의 **목표**는 무용가가 되는 것이다.

score a **goal** 골을 넣다

📖 1 something that you want to do, be, or have
(당신이 하거나 되거나 갖고 싶은 것)

---

076 ● wish
[wiʃ]

ⓥ 바라다, 원하다 **ⓝ** 소원, 바람

Paul **wishes** for a new bike. Paul은 새 자전거를 **바란다.**
Tell me what your **wish** is.
네 **소원**이 무엇인지 내게 말해 봐.

---

077 ● plan
[plæn]

ⓥ 계획하다 **ⓝ** 계획

I **planned** to build a house for my dog.
나는 내 개에게 집을 지어주기로 **계획했다.**

He made an exciting **plan.** 그는 흥미로운 **계획**을 세웠다.

---

078 ● reach
[ri:tʃ]

ⓥ ~에 도착[도달]하다

I'll **reach** Busan tonight.
나는 오늘밤에 부산에 **도착할** 것이다.

reach a goal 목표를 **달성하다**

---

079 ● come true

실현되다, 이루어지다

I hope your dreams **come true.**
여러분의 꿈이 **실현되기를** 바랍니다.

---

080 ● try
[trai]

ⓥ 1 노력하다 2 시도하다

Try to reach your goal.
여러분의 목표를 달성하려고 **노력하세요.**

try a new hobby 새로운 취미를 **시도하다**

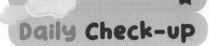

Daily Check-up

A 빈칸에 알맞은 우리말 뜻 또는 영어를 써넣어 워드맵을 완성하시오.

```
                        관심
        ┌──────────────┼──────────────┐
   관심과 흥미         다양한 활동          꿈과 목표
```

관심과 흥미

1 _____
    hobby

2 _____
    ~에 관심이 있다

3 _____
    enjoy

4 _____
    가장 좋아하는

5 _____
    popular

6 _____
    ~을 잘하다

7 _____
    free

다양한 활동

8 _____
    놀다; 연주하다

9 _____
    collect

10 _____
    짓다, 세우다

11 _____
    watch

12 _____
    쓰다; 보내다

13 _____
    수영하다

꿈과 목표

14 _____
    꿈; 꿈꾸다

15 _____
    goal

16 _____
    바라다; 소원

17 _____
    plan

18 _____
    ~에 도착[도달]하다

19 _____
    try

20 _____
    실현되다

B 우리말을 참고하여 문장을 완성하시오. (필요하면 단어 형태를 바꾸시오.)

1 Her _____ hobby is dancing.
   그녀가 가장 좋아하는 취미는 춤추는 것이다.

2 What do you do in your _____ time?
   너는 여가 시간에 뭘 하니?

3 She _____ coins as a hobby.
   그녀는 취미로 동전을 수집한다.

4 I hope your dreams _____.
   여러분의 꿈이 실현되기를 바랍니다.

5 He has _____ of being a pianist.
   그는 피아노 연주가가 되는 꿈을 꾸어 왔다.

Review Test

A 들려주는 영어 단어와 어구를 쓴 후 우리말 뜻을 쓰시오.

영단어	뜻	영단어	뜻
1		2	
3		4	
5		6	
7		8	
9		10	
11		12	
13		14	
15		16	
17		18	
19		20	

B 밑줄 친 단어의 동의어(=) 또는 반의어(↔)를 골라 쓰시오.

보기	female	friendly	stupid	happy

1 It is <u>foolish</u> to give up.   = _____

2 My dad is <u>kind</u> to everyone.   = _____

3 You look very <u>sad</u> today.   ↔ _____

4 The <u>male</u> driver is careful.   ↔ _____

C 다음 영영 풀이에 해당하는 알맞은 단어를 골라 쓰시오.

보기	lonely	adult	goal	lively

1 full of energy; active _____

2 a person who is fully grown _____

3 sad because you are not with other people _____

4 something that you want to do, be, or have _____

D 다음 그림을 보고, 해당하는 단어와 연결하시오.

1 •   **2** •   **3** •   **4** •

•   •   •   •

build   cry   laugh   swim

E 다음을 읽고, 빈칸에 들어갈 말을 골라 문장을 완성하시오.

보기	interested	shout	excited	beautiful

1 Do not _____ at your dog.

2 Paris is a _____ city in France.

3 She is _____ in robots.

4 We were _____ to watch the game.

PLAN

2

가정생활

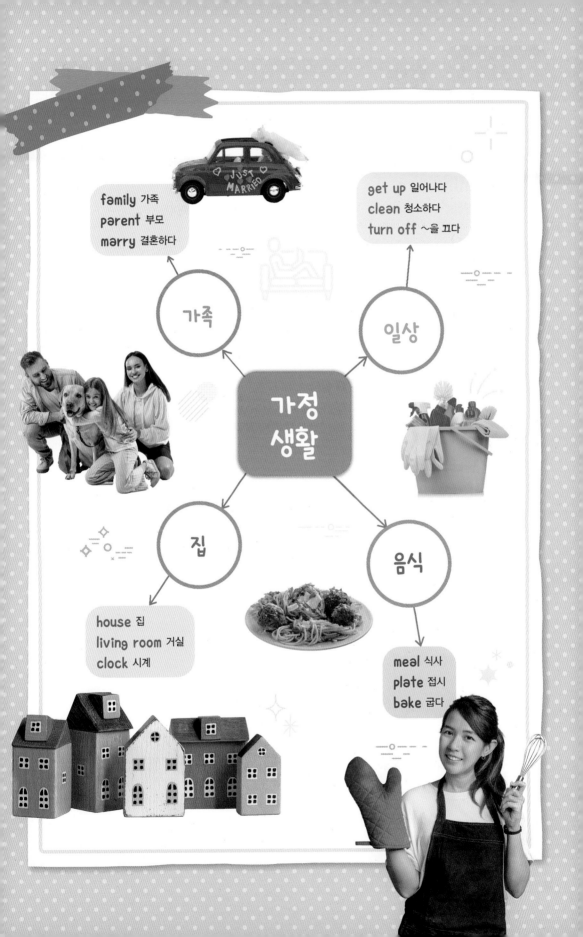

family 가족
parent 부모
marry 결혼하다

get up 일어나다
clean 청소하다
turn off ~을 끄다

가족

일상

가정
생활

집

음식

house 집
living room 거실
clock 시계

meal 식사
plate 접시
bake 굽다

MP3 듣기

♣ 가정

081 • family
[fǽməli]

ⓝ 가족, 가정

My **family** plays chess as a hobby.
우리 **가족**은 취미로 체스를 둔다.

082 • home
[houm]

ⓝ 집, 가정　ⓐⓓ 집에, 집으로

Do you have cats or dogs in your **home**?
너의 **집**에는 고양이나 개가 있니?

Let's go **home**.　집에 가자.

083 • live
[liv]

ⓥ 살다

My family **lived** in Washington.
우리 가족은 워싱턴에 **살았다**.

✦ life ⓝ 삶; 생활

084 • together
[təgéðər]

ⓐⓓ 함께, 같이

The big family lives **together**.
그 대가족은 **함께** 산다.

♣ 가족 구성원

085 • parent
[pérənt]

ⓝ 부모

My **parents** love me.
나의 **부모님**은 나를 사랑하신다.

★ parent는 단수일 때 아버지 또는 어머니 한 사람을, 복수형은 부모 모두를
가리킨다.
cf. grandparent 조부모

086 • child
[tʃaild]

ⓝ 1 아이, 어린이　2 자식

The father was playing with his **child**.
아버지는 **자녀**와 놀고 있었다.

★ 복수형은 children이다.

PLAN 2

087 • daughter
[dɔ́:tər]

ⓝ 딸

She has a seven-year-old **daughter**.
그녀는 7살짜리 **딸**이 하나 있다.

🔵 a female child

088 • son
[sʌn]

ⓝ 아들

The couple has a **son** and two daughters.
그 부부는 **아들** 하나와 딸 둘을 두었다.

089 • brother
[brʌðər]

ⓝ 형, 오빠, 남동생

an older/a younger **brother**   형/남동생
I played a game with my **brother**.
나는 **형**과 게임을 했다.

090 • sister
[sístər]

ⓝ 언니, 누나, 여동생

I made some cookies for my **sister**.
나는 **언니**에게 줄 쿠키를 좀 만들었다.

♣ 결혼과 양육

091 • fall in love with
fall-fell-fallen

~와 사랑에 빠지다

Harry **fell in love with** Mary.
Harry는 Mary와 **사랑에 빠졌다**.

092 • marry
[mǽri]

ⓥ 결혼하다

Will you **marry** me?
저와 **결혼해** 주시겠어요?

➕ marriage ⓝ 결혼 (생활)

093 • husband
[hʌ́zbənd]

ⓝ 남편

Mary loves her **husband**.
Mary는 **남편**을 사랑한다.

094 • **wife**
[waif]

ⓝ 아내

This is my **wife**, Mary.
이 사람은 제 **아내**, Mary입니다.

★ 복수형은 wives이다.

---

095 • **be born**

태어나다

Her son **was born** in 2020.
그녀의 아들은 2020년에 **태어났다**.

---

096 • **raise**
[reiz]

ⓥ 1 (들어) 올리다   2 기르다, 키우다

raise a hand 손을 **들어 올리다**

My grandmother **raised** five children.
우리 할머니는 다섯 자녀를 **키우셨다**.

🔲 to take care of a child until he or she is grown up
(아이가 자랄 때까지 돌보다)

♣ 친척

097 • **uncle**
[ʌŋkl]

ⓝ 삼촌

My **uncle** lives with my family.
삼촌은 우리 가족과 함께 산다.

---

098 • **aunt**
[ænt]

ⓝ 고모, 이모, 숙모

My **aunt** looks like my mother.
이모는 우리 엄마처럼 생겼다(엄마와 닮았다).

---

099 • **cousin**
[kʌ́zn]

ⓝ 사촌

My **cousin** and I often play together.
내 **사촌**과 나는 자주 함께 논다.

🔲 a child of one's uncle or aunt (삼촌이나 이모의 자녀)

---

100 • **say hello to**
say-said-said

～에게 안부를 전하다, ～에게 인사하다

Please **say hello to** your parents.
당신 부모님께 안부 전해주세요.

Daily Check-up

PLAN 2

A 빈칸에 알맞은 우리말 뜻 또는 영어를 써넣어 워드맵을 완성하시오.

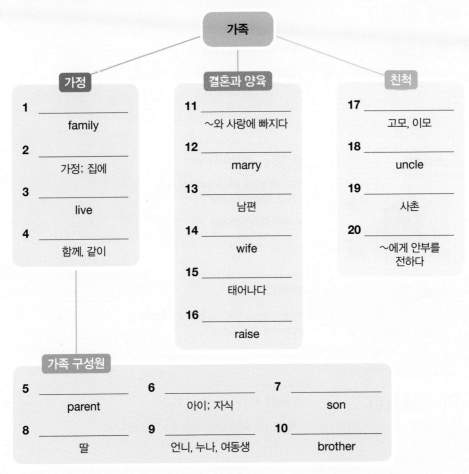

가족

가정

1 _____ family

2 _____ 가정; 집에

3 _____ live

4 _____ 함께, 같이

결혼과 양육

11 _____ ~와 사랑에 빠지다

12 _____ marry

13 _____ 남편

14 _____ wife

15 _____ 태어나다

16 _____ raise

친척

17 _____ 고모, 이모

18 _____ uncle

19 _____ 사촌

20 _____ ~에게 안부를 전하다

가족 구성원

5 _____ parent

6 _____ 아이; 자식

7 _____ son

8 _____ 딸

9 _____ 언니, 누나, 여동생

10 _____ brother

B 우리말을 참고하여 문장을 완성하시오. (필요하면 단어 형태를 바꾸시오.)

1 The big family lives _____.
그 대가족은 함께 산다.

2 Will you _____ me?
저와 결혼해 주시겠어요?

3 Her son _____ in 2020.
그녀의 아들은 2020년에 태어났다.

4 Please _____ to your parents.
당신 부모님께 안부 전해주세요.

5 I made some cookies for my _____.
나는 언니에게 줄 쿠키를 좀 만들었다.

MP3 듣기

♣ 하루 일과

---

101 · get up
get-got-got/gotten

(잠자리에서) 일어나다

I **get up** at 7 o'clock.
나는 7시에 **일어난다**.

---

102 · wash
[wɑːʃ]

ⓥ 씻다; 세척하다

Wash your face with soap.
비누로 얼굴을 **씻어라**.

wash the dishes 설거지하다

---

103 · eat
[iːt]
eat-ate-eaten

ⓥ 먹다

Wash your hands before **eating**.
먹기 전에 손을 씻으렴.

---

104 · breakfast
[brékfəst]

ⓝ 아침 식사

I have an egg and milk for **breakfast**.
나는 **아침 식사**로 계란 하나와 우유를 먹는다.

★ cf. lunch 점심 식사

---

105 · dinner
[dínər]

ⓝ 저녁 식사

My family has **dinner** together.
우리 가족은 함께 **저녁 식사**를 한다.

★ have[eat] breakfast/lunch/dinner 아침/점심/저녁 식사를 하다

---

106 · brush
[brʌʃ]

ⓥ 솔질하다, 닦다 ⓝ 붓, 솔

I **brush** my teeth three times a day.
나는 하루에 세 번 이를 **닦는다**.

a tooth**brush** 칫솔

---

107 • **bath**

[bæθ]

ⓝ 목욕

I take a **bath** before bed.
나는 자기 전에 **목욕**을 한다.

🔄 take a bath 목욕하다
★ 영국 영어에서 bath는 '욕조'의 뜻으로도 쓴다. 미국 영어에서 '욕조'는 bathtub이다.

---

108 • **go to bed**

go-went-gone

자다, 잠자리에 들다

My brother **goes to bed** at 10:00 p.m.
내 남동생은 밤 10시에 **잔다**.

✤ 집안일

109 • **cook**

[kuk]

ⓥ 요리하다　ⓝ 요리사

Dad **cooked** spaghetti for dinner.
아빠가 저녁 식사로 스파게티를 **요리해주셨다**.

I'm a good **cook**. 나는 훌륭한 **요리사**이다(요리를 잘한다).

---

110 • **clean**

[kliːn]

ⓥ 청소하다　ⓐ 깨끗한

I **clean** my room every Sunday.
나는 내 방을 매주 일요일에 **청소한다**.

clean white snow **깨끗한** 하얀 눈

---

111 • **share**

[ʃeər]

ⓥ 1 함께 쓰다　2 나누다

My brother and I **share** a room.
형과 나는 방을 **함께 쓴다**.

share the work 일을 **나누다**

---

112 • **take out**

take-took-taken

꺼내다; 내다 버리다

Today, I will **take out** the trash.
오늘 나는 쓰레기를 **내다 버릴** 것이다.

---

113 • **feed**

[fiːd]

feed-fed-fed

ⓥ 먹이를 주다

I **feed** my dogs every day.
나는 내 개들에게 매일 **먹이를 준다**.

📖 to give food to a person or an animal (사람이나 동물에게 음식을 주다)

114 • water
[wɔ́:tər]

ⓥ 물을 주다　**ⓝ** 물

My dad is **watering** the flowers.
아빠가 꽃에 **물을 주고** 계신다.

Do you want some **water**? 물 좀 줄까?

115 • fix
[fiks]

ⓥ 고치다, 수리하다　**≒** repair

I need to **fix** my chair.
나는 내 의자를 **고쳐야** 한다.

♣ 기타 일상

116 • walk
[wɔ:k]

ⓥ 1 걷다　2 산책시키다　**ⓝ** 걷기, 산책

I **walk** for 1 hour after dinner.
나는 저녁 식사 후 1시간 동안 **걷는다**.

She is **walking** her dog.　그녀는 개를 **산책시키고** 있다.

take a **walk** 산책하다

117 • help
[help]

ⓥ 돕다　**ⓝ** 도움

I **helped** my dad move the desk.
나는 아빠가 책상 옮기시는 것을 **도왔다**.

Do you need any **help**? 뭐 좀 **도와**드릴까요?

118 • diary
[dáiəri]

ⓝ 일기

Mina keeps a **diary** every night.
미나는 매일 밤 **일기**를 쓴다.

↻ keep a diary 일기를 쓰다

119 • turn off

~을 끄다　↔ turn on ~을 켜다

Turn off the lights before going to bed.
잠자리에 들기 전에 불을 **꺼라**.

120 • stay up

(늦게까지) 깨어 있다

Children should not **stay up**.
아이들은 **늦게까지 깨어 있지** 않아야 한다.

🔲 to remain awake later than usual
(평소보다 더 늦게 깨어 있다)

Daily Check-up

A 빈칸에 알맞은 우리말 뜻 또는 영어를 써넣어 워드맵을 완성하시오.

일상

하루 일과

1 _____
(잠자리에서) 일어나다

2 _____
씻다; 세척하다

3 _____
eat

4 _____
솔질하다; 솔

5 _____
breakfast

6 _____
저녁 식사

7 _____
bath

8 _____
잠자리에 들다

집안일

9 _____
clean

10 _____
요리하다; 요리사

11 _____
share

12 _____
꺼내다; 내다 버리다

13 _____
feed

14 _____
물을 주다; 물

15 _____
fix

기타 일상

16 _____
걷다; 산책

17 _____
help

18 _____
일기

19 _____
stay up

20 _____
~을 끄다

B 우리말을 참고하여 문장을 완성하시오. (필요하면 단어 형태를 바꾸시오.)

1 I _____ at 7 o'clock.
나는 7시에 일어난다.

2 My family has _____ together.
우리 가족은 함께 저녁 식사를 한다.

3 I _____ my room every Sunday.
나는 내 방을 매주 일요일에 청소한다.

4 Today, I will _____ the trash.
오늘 나는 쓰레기를 내다 버릴 것이다.

5 _____ the lights before going to bed.
잠자리에 들기 전에 불을 꺼라.

MP3 듣기

♣ 집 외부

121 • house
[haus]

ⓝ 집, 주택

The family lived in a big **house**.
그 가족은 큰 **집**에 살았다.

122 • roof
[ruːf]

ⓝ 지붕

All the **roofs** here are red.
여기 모든 **지붕들**은 빨간색이다.

📼 the top of a house or building
(집이나 건물의 꼭대기)

123 • fence
[fens]

ⓝ 담, 울타리

I fixed the **fence** at my house.
나는 우리 집 **담**을 고쳤다.

124 • garden
[gáːrdn]

ⓝ 정원, 뜰

Many birds come to our **garden**.
많은 새들이 우리 **정원**에 온다.

♣ 집 내부

125 • bedroom
[bédrùːm]

ⓝ 침실

The house has five **bedrooms**.
그 집은 다섯 개의 **침실**이 있다.

126 • bathroom
[bǽθrùːm]

ⓝ 욕실, 화장실

I washed my hands in the **bathroom**.
나는 **화장실**에서 손을 닦았다.

★ 영국 영어에서 화장실은 보통 toilet으로 쓴다. 미국 영어에서 toilet은 변기를
뜻하고 화장실의 의미로 잘 쓰지 않는다.

PLAN 2

127 • living room
[líviŋ ruːm]

ⓝ 거실

We watch TV in the **living room**.
우리는 **거실**에서 TV를 본다.

128 • kitchen
[kítʃin]

ⓝ 부엌, 주방

I cleaned the **kitchen** all day.
나는 하루 종일 **주방**을 청소했다.

129 • door
[dɔːr]

ⓝ 문

Open the **door**, please.
문 열어주세요.

★ cf. doorbell 초인종

130 • window
[wíndou]

ⓝ 창문

The house has a lot of **windows**.
그 집은 **창문**이 많다.

131 • floor
[flɔːr]

ⓝ 1 바닥   2 (건물의) 층

The **floor** is very clean.
바닥이 아주 깨끗하다.

My room is on the second **floor**.
내 방은 2**층**에 있다.

132 • wall
[wɔːl]

ⓝ 벽

Let's hang this picture on the **wall**.
이 그림을 **벽**에 걸자.

Walls have ears.
벽에도 귀가 있다.(낮말은 새가 듣고 밤말은 쥐가 듣는다.)

133 • stair
[stéər]

ⓝ 계단

The kids ran up the **stairs**.
아이들이 **계단**을 뛰어 올라갔다.

♣ 집안 물건

134 • thing
[θiŋ]

ⓝ 1 물건, 것 2 (사실·상황 등의) 일

There are many **things** in the house.
집 안에 많은 **물건**이 있다.

Things are going well.
일이 잘 되어가고 있다.

---

135 • furniture
[fə́:rnitʃər]

ⓝ 가구

a piece of **furniture** **가구** 한 점
The bed is the only **furniture** in his room.
그 침대는 그의 방에 있는 유일한 **가구**이다.

🔲 things such as tables, chairs, sofas, and beds
(탁자, 의자, 소파, 침대와 같은 것들)

---

136 • mirror
[mírər]

ⓝ 거울

I like to look at myself in the **mirror**.
나는 **거울** 속 나를 보는 것을 좋아한다.

---

137 • curtain
[kə́:rtn]

ⓝ 커튼

Open your **curtains** and look out the window.
커튼을 열고 창밖을 내다보세요.

---

138 • umbrella
[ʌmbrélə]

ⓝ 우산

It's raining. Take your **umbrella**.
비가 오고 있어. 네 **우산**을 가져가렴.

---

139 • clock
[klɑːk]

ⓝ 시계

What time is it? — Look at the **clock** on the desk.
몇 시에요? – 책상 위에 있는 **시계**를 보렴.

★ clock은 벽시계나 책상, 선반 등에 두는 시계이고, watch는 손목시계이다.

---

140 • ladder
[lǽdər]

ⓝ 사다리

He went up the **ladder** to the roof.
그는 **사다리**를 타고 지붕에 올라갔다.

Daily Check-up

A 빈칸에 알맞은 우리말 뜻 또는 영어 단어를 써넣어 워드맵을 완성하시오.

집

집 외부

1 _____
집, 주택

2 _____
roof

3 _____
정원, 뜰

4 _____
fence

12 _____
계단

13 _____
wall

집 내부

5 _____
bedroom

6 _____
거실

7 _____
bathroom

8 _____
부엌, 주방

9 _____
door

10 _____
창문

11 _____
floor

집안 물건

14 _____
물건, 것

15 _____
가구

16 _____
mirror

17 _____
커튼

18 _____
clock

19 _____
우산

20 _____
ladder

B 우리말을 참고하여 문장을 완성하시오. (필요하면 단어 형태를 바꾸시오.)

1 Many birds come to our _____.
많은 새들이 우리 정원에 온다.

2 The kids ran up the _____.
아이들이 계단을 뛰어 올라갔다.

3 We watch TV in the _____.
우리는 거실에서 TV를 본다.

4 There are many _____ in the house.
집 안에 많은 물건이 있다.

5 I like to look at myself in the _____.
나는 거울 속 나를 보는 것을 좋아한다.

MP3 듣기

♣ 식사

141 • food
[fu:d]

ⓝ 음식, 식량; 식품

Let's buy some **food** for dinner.
저녁 식사를 위해 **음식**을 좀 사자.

142 • meal
[mi:l]

ⓝ 식사

He eats three **meals** a day.
그는 하루에 세 끼 **식사**를 한다.

143 • snack
[snæk]

ⓝ 간식, 간단한 식사

I had a chocolate bar for a **snack**.
나는 **간식**으로 초콜릿 바를 먹었다.

🔄 food between meals (식사 사이에 먹는 음식)

144 • drink
[driŋk]

drink-drank-drunk

ⓥ 마시다 ⓝ 음료

I **drink** a cup of water every morning.
나는 매일 아침 물 한 잔을 **마신다**.

sports **drink** 스포츠 **음료**(이온 음료)

♣ 조리 기구·식기

145 • knife
[naif]

ⓝ 칼

a kitchen **knife** 부엌칼
Use a **knife** to cut the food.
칼을 사용해서 그 음식을 자르세요.

★ 복수형은 knives이다.

146 • scissors
[sízərz]

ⓝ 가위

I cut the meat with **scissors**.
나는 **가위**로 고기를 잘랐다.

147 ● **bowl**
[boul]

ⓝ (우묵한) 그릇, 사발

We use **bowls** for eating soup.
우리는 수프를 먹을 때 **우묵한 그릇**을 쓴다.

---

148 ● **plate**
[pleit]

ⓝ (납작하고 둥근) 접시

Put your food on the **plate**.
네 음식을 **접시** 위에 올리렴.

---

149 ● **bottle**
[báːtl]

ⓝ 병

David drank a **bottle** of water.
David는 물 한 **병**을 마셨다.

---

150 ● **glass**
[glæs]

ⓝ 1 유리　2 유리컵; 한 잔

Be careful when you use **glass**.
유리를 사용할 때 조심해라.

Why don't you drink a **glass** of milk?
우유 한 **잔** 마시는 게 어때?

---

151 ● **fork**
[fɔːrk]

ⓝ 포크

You need a **fork** to eat the cake.
케이크를 먹으려면 **포크**가 필요해.

---

152 ● **chopstick**
[tʃáːpstìk]

ⓝ (주로 복수로) 젓가락

Asians use **chopsticks** to eat food.
아시아인들은 **젓가락**을 사용해서 음식을 먹는다.

★ cf. spoon 숟가락

✤ 맛 · 양념 · 조리

153 ● **tasty**
[téisti]

ⓐ 맛있는　🟰 delicious

The chocolate cake was **tasty**.
그 초콜릿 케이크는 **맛있었다**.

✚ taste ⓝ 맛 ⓥ 맛이 ~하다

154 • fresh
[freʃ]

ⓐ 신선한

fresh vegetables 신선한 채소
I like to drink **fresh** milk.
나는 **신선한** 우유를 마시는 것을 좋아한다.

🔊 newly made (새롭게[갓] 만들어진)

---

155 • salt
[sɔːlt]

ⓝ 소금

Salt keeps food fresh.
소금은 음식을 신선하게 유지시킨다.

➕ salty ⓐ 소금기 있는, 짠

---

156 • sugar
[ʃúgər]

ⓝ 설탕

Sweet candies have too much **sugar**.
단 사탕에는 **설탕**이 너무 많이 들어 있다.

---

157 • pepper
[pépər]

ⓝ 1 후추 2 고추; 피망

Dad puts **pepper** in his soup.
아빠는 수프에 **후추**를 친다.

red **pepper** 고추, 빨간 피망

★ 피망은 sweet pepper, bell pepper라고도 한다.
red pepper는 빨강 피망 또는 고추를 의미한다.

---

158 • boil
[bɔil]

ⓥ 끓다, 끓이다; 삶다

Boil the water for tea.
차를 위해 물을 **끓이세요**.

a **boiled** egg 삶은 계란

---

159 • bake
[beik]

ⓥ 굽다

Grandma **baked** cookies for us.
할머니는 우리에게 줄 쿠키를 **구우셨다**.

➕ baker ⓝ 제빵사

---

160 • fry
[frai]

ⓥ (기름에) 굽다, 튀기다

She **fried** two eggs for breakfast.
그녀는 아침 식사로 달걀 두 개를 **프라이했다[구웠다]**.

fried chicken 튀긴 닭고기(프라이드 치킨)

Daily Check-up

A 빈칸에 알맞은 우리말 뜻 또는 영어 단어를 써넣어 워드맵을 완성하시오.

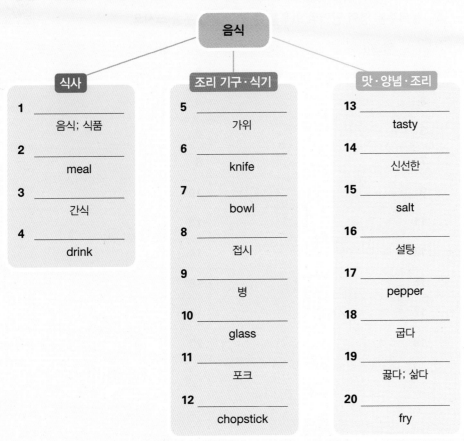

음식

식사

1 _____
음식; 식품

2 _____
meal

3 _____
간식

4 _____
drink

조리 기구·식기

5 _____
가위

6 _____
knife

7 _____
bowl

8 _____
접시

9 _____
병

10 _____
glass

11 _____
포크

12 _____
chopstick

맛·양념·조리

13 _____
tasty

14 _____
신선한

15 _____
salt

16 _____
설탕

17 _____
pepper

18 _____
굽다

19 _____
끓다; 삶다

20 _____
fry

B 우리말을 참고하여 문장을 완성하시오. (필요하면 단어 형태를 바꾸시오.)

1 _____ the water for tea.
차를 위해 물을 끓이세요.

2 I cut the meat with _____.
나는 가위로 고기를 잘랐다.

3 David drank a _____ of water.
David는 물 한 병을 마셨다.

4 I like to drink _____ milk.
나는 신선한 우유를 마시는 것을 좋아한다.

5 He eats three _____ a day.
그는 하루에 세 끼 식사를 한다.

Review Test

A 들려주는 영어 단어와 어구를 쓴 후 우리말 뜻을 쓰시오.

영단어	뜻	영단어	뜻
1		**2**	
3		**4**	
5		**6**	
7		**8**	
9		**10**	
11		**12**	
13		**14**	
15		**16**	
17		**18**	
19		**20**	

B 다음 주어진 단어를 괄호 안의 품사에 맞게 알맞은 형태로 바꿔 쓰시오.

1 salty   - _____ (**n**)

2 marriage   - _____ (**v**)

3 taste   - _____ (**a**)

4 baker   - _____ (**v**)

C 다음 영영 풀이에 해당하는 알맞은 단어를 골라 쓰시오.

보기   roof   snack   feed   cousin

1 a child of one's uncle or aunt _____

2 food between meals _____

3 the top of a house or building _____

4 to give food to a person or an animal _____

D 다음 그림을 보고, 해당하는 단어와 연결하시오.

1    2    3    4

•   •   •   •

•   •   •   •

cook   fix   mirror   boil

E 다음을 읽고, 빈칸에 들어갈 말을 골라 문장을 완성하시오.

보기   furniture   husband   fresh   cleaned

1 I _____ the table after the meal.

2 The _____ in his room is very old.

3 The food was not _____ and was also cold.

4 She and her _____ are having breakfast.

✿ 예문에서 뽑은 최중요 핵심 표현

핵심 표현 다시 점검하며 빈칸 완성해 보기

1 **a lot of** 많은

There are _____ people in the park.
공원에 사람들이 **많다**.

2 **over there** 저쪽에

Who is that handsome man _____?
저쪽에 있는 저 잘생긴 남자는 누구지?

3 **be proud of** ~를 자랑스러워하다

I'm _____ you.
나는 네가 **자랑스러워**.

4 **be afraid of** ~을 두려워[무서워]하다

Many kids are _____ snakes and spiders.
많은 아이들이 뱀과 거미를 **무서워한다**.

5 **reach one's goal** 목표를 달성하다

Try to _____ your _____.
여러분의 **목표를 달성하려고** 노력하세요.

6 **take a bath** 목욕하다

I _____ before bed.
나는 자기 전에 **목욕을 한다**.

7 **take a walk** 산책하다

I _____ after lunch.
나는 점심 식사 후에 **산책을 한다**.

8 keep a diary　　　일기를 쓰다

Mina ＿＿＿＿＿＿＿＿ every night.
미나는 매일 밤 **일기를 쓴다.**

9 go well　　　잘 되어가다, 잘되다

Things are ＿＿＿＿＿＿＿＿.
일이 **잘 되어가고 있다.**

10 a bottle / glass of　　　한 병/잔의

David drank a ＿＿＿＿＿ / ＿＿＿＿＿ of water.
David는 한 **병/잔**의 물을 마셨다.

✿ 발음이나 철자가 유사한 혼동어

088 **son** [sʌn] ⓝ 아들 ｜ **sun** [sʌn] ⓝ 해, 태양

★ 두 단어는 발음은 동일하지만 모음의 철자와 뜻이 다른 것에 유의하자.

098 **aunt** [ænt] ⓝ 고모, 이모, 숙모 ｜ 689 **ant** [ænt] ⓝ 개미

★ 두 단어의 발음은 동일하지만 철자와 뜻이 다르다.

147 **bowl** [boul] ⓝ (우묵한) 그릇, 사발 ｜ **ball** [bɔːl] ⓝ 공

★ 두 단어의 모음의 발음과 뜻 차이에 유의하자.

150 **glass** [glæs] ⓝ 유리; 유리컵 ｜ **grass** [græs] ⓝ 풀, 잔디

★ l, r 차이에 따른 두 단어의 발음과 뜻 차이에 유의하자.

정답　1 a lot of　2 over there　3 proud of　4 afraid of　5 reach, goal　6 take a bath
　　　7 take a walk　8 keeps a diary　9 going well　10 bottle, glass

PLAN 3

학교생활

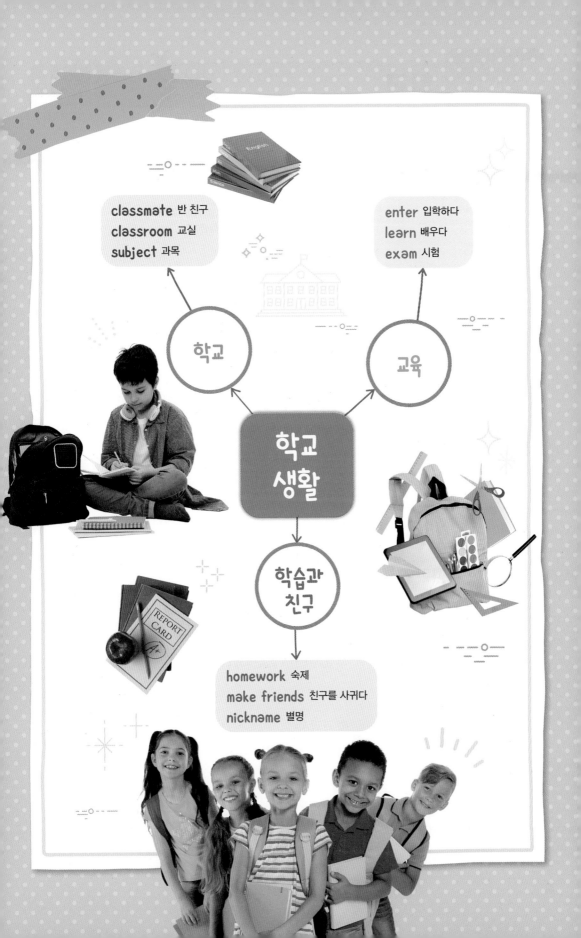

classmate 반 친구
classroom 교실
subject 과목

enter 입학하다
learn 배우다
exam 시험

학교

교육

학교
생활

학습과
친구

homework 숙제
make friends 친구를 사귀다
nickname 별명

DAY 9 학교

MP3 듣기

✤ 우리 반

161 **student** [stú:dnt]

ⓝ 학생

Jason is a new **student** at my school.
Jason은 우리 학교에 새로 온 **학생**이다.

162 **teacher** [tí:tʃər]

ⓝ 선생, 교사

a homeroom **teacher** 담임 **교사**

Ms. Brown is our English **teacher**.
Brown 선생님은 우리 영어 **선생님**이다.

＋ teach ⓥ 가르치다

163 **late** [leit]

ⓐ 늦은, 지각한 ad 늦게 ↔ early 일찍

I'm never **late** for school.
나는 학교에 절대 **늦지** 않는다.

The school bus arrived **late**.
스쿨버스가 **늦게** 도착했다.

164 **classmate** [klǽsmèit]

ⓝ 반 친구, 급우

I had lunch with my **classmates**, Cindy and Sue.
나는 **반 친구** Cindy, Sue와 함께 점심을 먹었다.

영영 someone who is in the same class as you
(당신과 같은 반에 있는 사람)

★ class(학급) + mate(친구, 동료) → 반 친구

165 **textbook** [tékstbùk]

ⓝ 교과서

Open your **textbooks**.
교과서를 펴세요.

166 **notebook** [nóutbùk]

ⓝ 공책, 노트

I bought some pencils and **notebooks**.
나는 연필과 **공책**을 좀 샀다.

167 • note
[nout]

ⓝ 1 메모　2 (복수로) 필기, 기록

leave a **note** 메모를 남기다

I took **notes** in my textbook.
나는 교과서에 **필기**를 했다.

168 • board
[bɔːrd]

ⓝ 판자; 칠판; 게시판

a black**board** 칠판, 흑판

We all looked at the **board**.
우리 모두는 **칠판**을 봤다.

✦ 학교 내외부

169 • classroom
[klǽsrùːm]

ⓝ 교실

Our **classroom** is clean and bright.
우리 **교실**은 깨끗하고 환하다.

170 • hall
[hɔːl]

ⓝ 1 복도　㉺hallway　2 홀, 회관

Stay quiet in the **hall**. 복도에서 조용히 하시오.

a concert **hall** 콘서트홀

171 • playground
[pléigràund]

ⓝ 운동장, 놀이터

The **playground** is full of students.
운동장이 학생들로 가득 차 있다.

172 • library
[láibrèri]

ⓝ 도서관

How many books are there in the **library**?
도서관에 얼마나 많은 책이 있나요?

✦ 수업과 과목

173 • class
[klæs]

ⓝ 1 반, 학급　2 수업

There are 25 students in my **class**.
우리 **반**에 25명의 학생이 있다.

The first **class** starts at 8:50.
첫 **수업**은 8시 50분에 시작한다.

174 • subject
[sʌ́bdʒikt]

ⓝ 과목

What is your favorite **subject**? — It's English.
네가 가장 좋아하는 **과목**이 뭐니? – 영어야.

---

175 • math
[mæθ]

ⓝ 수학

Are you good at **math**?
너는 **수학**을 잘하니?

★ math는 mathematics를 줄여서 쓴 말이다.

---

176 • science
[sáiəns]

ⓝ 과학

I'm interested in **science** and robots.
나는 **과학**과 로봇에 관심이 있다.

✚ scientist ⓝ 과학자

---

177 • history
[hístəri]

ⓝ 역사

American **history** is interesting to me.
미국의 **역사**(미국사)는 내게 흥미롭다.

★ cf. social studies 사회

---

178 • language
[lǽŋgwidʒ]

ⓝ 언어

There are many **languages** in the world.
세상에는 많은 **언어**가 있다.

foreign **language** 외국어

---

179 • music
[mjú:zik]

ⓝ 음악

Ms. Brown played the piano in **music** class.
Brown 선생님은 **음악** 시간에 피아노를 연주했다.

---

180 • art
[ɑ:rt]

ⓝ 미술; 예술

My favorite subject is **art**.
내가 가장 좋아하는 과목은 **미술**이다.

Daily Check-up

A 빈칸에 알맞은 우리말 뜻 또는 영어 단어를 써넣어 워드맵을 완성하시오.

학교

우리 반

1 _____
   student

2 _____
   선생, 교사

3 _____
   late

4 _____
   반 친구, 급우

5 _____
   textbook

6 _____
   공책

7 _____
   칠판; 게시판

8 _____
   note

학교 내외부

9 _____
   교실

10 _____
   hall

11 _____
   운동장

12 _____
   library

수업과 과목

13 _____
   반, 학급; 수업

14 _____
   subject

15 _____
   수학

16 _____
   science

17 _____
   역사

18 _____
   music

19 _____
   언어

20 _____
   미술

B 우리말을 참고하여 문장을 완성하시오. (필요하면 단어 형태를 바꾸시오.)

1 I'm never _____ for school.
   나는 학교에 절대 늦지 않는다.

2 I took _____ in my textbook.
   나는 교과서에 필기를 했다.

3 Our _____ is clean and bright.
   우리 교실은 깨끗하고 환하다.

4 American _____ is interesting to me.
   미국의 역사는 내게 흥미롭다.

5 There are many _____ in the world.
   세상에는 많은 언어가 있다.

MP3 듣기

✤ 교육 과정

181 • elementary
[èləméntəri]

ⓐ 초보의; 초등학교의

My sister is an **elementary** school student.
내 여동생은 **초등**학생이다.

★ 미국에서는 초등학교를 elementary school, grade school이라고 하고,
영국에서는 primary school이라고 한다.
cf. kindergarten 유치원

182 • middle
[mídl]

ⓐ 중간의, 한가운데의　ⓝ 중앙

I go to **middle** school.
나는 **중**학교에 다닌다.

The nose is in the **middle** of the face.
코는 얼굴의 **중앙**에 있다.

★ cf. high school 고등학교, university 대학교

183 • enter
[éntər]

ⓥ 1 들어가다　2 입학하다

enter a building　건물에 **들어가다**

Children **enter** school at age 7.
아이들은 일곱 살에 학교에 **입학한다**.

🔊 2 to become a member of a school (학교의 일원이 되다)

184 • begin
[bigín]
begin-began-begun

ⓥ 시작하다　⊜ start

The art class will **begin** soon.
미술 수업이 곧 **시작할** 것이다.

It **begins** to rain.　비가 오기 **시작한다**.

185 • finish
[fíniʃ]

ⓥ 마치다, 끝내다　⊷ start, begin

The teacher **finished** the class late.
선생님은 수업을 늦게 **끝냈다**.

186 • be over

끝나다

School **is over** at 3:30.
학교는 3시 30분에 **끝난다**.

PLAN 3

✤ 수업

187 • learn
[ləːrn]

ⓥ 배우다

I want to **learn** Spanish.
나는 스페인어를 **배우고** 싶다.

---

188 • read
[riːd]

ⓥ 읽다

Open your textbook and **read** page 17.
교과서를 펴고 17쪽을 **읽으세요.**

---

189 • write
[rait]
write-wrote-written

ⓥ 쓰다

Write your name on the textbook.
교과서에 이름을 **쓰세요.**

Write down your ideas on the paper.
여러분의 생각을 종이에 **적으세요.**

↪ write down 적다, 기록하다

---

190 • explain
[ikspléin]

ⓥ 설명하다

Can you **explain** more about it?
그것에 대해 좀 더 **설명해** 주시겠어요?

🔊 to make something easy to understand
(무언가를 이해하기 쉽게 하다)

---

191 • listen
[lísn]

ⓥ 듣다, 귀 기울이다

listen to music 음악을 듣다

The students **listened** to the teacher carefully.
학생들은 선생님의 말을 주의 깊게 **들었다.**

---

192 • question
[kwéstʃən]

ⓝ 질문; (시험 등의) 문제

If you have any **questions**, raise your hand.
질문이 있으면, 손을 드세요.

---

193 • ask
[æsk]

ⓥ 1 묻다, 질문하다 2 요청하다

I'd like to **ask** some questions.
저는 **질문**을 몇 가지 하고 싶습니다.

He **asked** me to help him.
그는 내게 도와달라고 **요청했다.**

194 · answer
[ǽnsər]

ⓥ 대답하다 ⓝ 답, 대답

Answer the questions below.
아래 질문에 **답하시오**.

a correct [right] **answer** 정답

✤ 시험

195 · exam
[igzǽm]

ⓝ 시험

We have a science **exam** today.
오늘 우리는 과학 **시험**이 있다.

★ exam은 examination을 줄여 쓴 말이다.

---

196 · problem
[prɑ́:bləm]

ⓝ 문제

The science **problem** was about the water cycle.
과학 **문제**는 물의 순환에 관한 것이었다.

Smoking is a big **problem**.
흡연은 큰 **문제**이다.

---

197 · solve
[sɑ:lv]

ⓥ 풀다; 해결하다

I will help you **solve** the problem.
네가 그 문제를 **풀도록** 내가 도와줄게.

🖼 to find an answer to a problem (문제에 대한 답을 찾다)

---

198 · easy
[í:zi]

ⓐ 쉬운

Some questions were very **easy**.
일부 문제들은 아주 **쉬웠다**.

---

199 · difficult
[dífikʌlt]

ⓐ 어려운 ↔ easy

I found the math exam **difficult**.
나는 수학 시험이 **어렵다고** 생각했다.

---

200 · grade
[greid]

ⓝ 1 학년 2 성적

I'm in the third **grade**. 나는 3**학년**이다.

Every student tries to get good **grades**.
모든 학생이 좋은 **성적**을 받기 위해 노력한다.

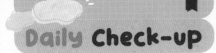
A 빈칸에 알맞은 우리말 뜻 또는 영어를 써넣어 워드맵을 완성하시오.

교육

교육 과정

1 _____ 초보의; 초등학교의

2 _____ middle

3 _____ 들어가다; 입학하다

4 _____ begin

5 _____ 마치다, 끝내다

6 _____ be over

수업

7 _____ learn

8 _____ 읽다

9 _____ write

10 _____ 설명하다

11 _____ listen

12 _____ 질문; 문제

13 _____ ask

14 _____ 대답하다; 대답

시험

15 _____ exam

16 _____ 문제

17 _____ 풀다; 해결하다

18 _____ easy

19 _____ 어려운

20 _____ grade

B 우리말을 참고하여 문장을 완성하시오. (필요하면 단어 형태를 바꾸시오.)

1 Children _____ school at age 7.
아이들은 일곱 살에 학교에 입학한다.

2 The teacher _____ the class late.
선생님은 수업을 늦게 끝냈다.

3 Can you _____ more about it?
그것에 대해 좀 더 설명해 주시겠어요?

4 I will help you _____ the problem.
네가 그 문제를 풀도록 내가 도와줄게.

5 I found the math exam _____.
나는 수학 시험이 어렵다고 생각했다.

MP3 듣기

✚ 학습

---

201 • study
[stʌ́di]

ⓥ 공부하다　ⓝ 공부, 학습

I'm **studying** for the English exam.
나는 영어 시험**공부를 하고** 있다.

the **study** of history　역사 **공부**

---

202 • check
[tʃek]

ⓥ 확인하다, 점검하다

Jane **checked** the answers again.
Jane은 답을 다시 **확인했다**.

📖 to look at something closely to find any mistakes
　(실수가 있는지 찾기 위해 무언가를 면밀히 보다)

---

203 • homework
[hóumwə̀:rk]

ⓝ 숙제

Finish your **homework** before going to bed.
잠자리에 들기 전에 네 **숙제를** 마치렴.

📖 work that teachers give students to do at home
　(선생님이 학생에게 집에서 하라고 내준 일)

---

204 • effort
[éfərt]

ⓝ 노력

I made an **effort** to study every day.
나는 매일 공부하려고 **노력했다**.

↻ make an effort 노력하다

---

205 • excellent
[éksələnt]

ⓐ 우수한, 훌륭한

Mac is an **excellent** student in science.
Mac은 과학에서 **우수한** 학생이다.

---

206 • break
[breik]

break-broke-broken

ⓥ 1 깨어지다; 부수다　2 고장 나다　ⓝ 휴식 (시간)

Who **broke** this cup?　누가 이 컵을 **깼지?**

His car is **broken**.　그의 차가 **고장이 났다.**

We play soccer during lunch **break**.
우리는 점심 **휴식[쉬는] 시간**에 축구를 한다.

PLAN 3

207 • hard
[hɑːrd]

ⓐ 1 딱딱한, 단단한 2 어려운 ⓐⓓ 열심히

This chair is very **hard**. 이 의자는 아주 **딱딱**하다.

a **hard** question **어려운** 질문

Study **hard**, and your dream will come true.
열심히 공부하세요, 그러면 여러분의 꿈이 이루어질 것입니다.

---

208 • hand in

~을 제출하다

Hand in your homework by Thursday.
목요일까지 숙제를 **제출하세요**.

➕ hand ⓝ 손 ⓥ 건네주다

♣ 친구

209 • make friends

친구를 사귀다

Try to **make friends**.
친구를 사귀기 위해 노력하렴.

---

210 • get along with

~와 잘 지내다

I **get along with** my classmates.
나는 반 친구들**과 잘 지낸다**.

---

211 • fight
[fait]
fight-fought-fought

ⓥ 싸우다

I didn't want to **fight** with Tony.
나는 Tony와 **싸우고** 싶지 않았다.

---

212 • close
ⓐ [klous]
ⓥ [klouz]

ⓐ 1 가까운 2 친한 ⓥ 닫다 ⟷ open 열다

My school is very **close** to my house.
우리 학교는 집에서 아주 **가깝다**.

Emily is my **close** friend. Emily는 내 **친한** 친구이다.

close the window 창문을 **닫다**

---

213 • same
[seim]

ⓐ 같은, 동일한

We went to the **same** elementary school.
우리는 **같은** 초등학교에 다녔다.

214 • different
[dífərənt]

ⓐ 다른; 여러 가지의 ↔same

My friends and I have **different** hobbies.
내 친구들과 나는 취미가 **다르다**.

study **different** subjects 여러 가지 과목을 공부하다

🔳 not the same

✛ difference ⓝ 차이, 다름

✛ 우정

215 • forever
[fə:révər]

ⓐⒹ 영원히

Sam and I will be best friends **forever**.
Sam과 나는 **영원히** 가장 친한 친구일 것이다.

---

216 • nickname
[níknèim]

ⓝ 별명

We use **nicknames** in online games.
우리는 온라인 게임에서 **별명**을 사용한다.

---

217 • call
[kɔːl]

ⓥ 1 부르다 2 전화하다 ⓝ 전화 (통화)

My friends **call** me by my nickname.
내 친구들은 나를 내 별명으로 **부른다**.

Call me later. 나중에 **전화해**.

make a (phone) **call** **전화하다**

---

218 • joke
[dʒouk]

ⓝ 농담 ⓥ 농담하다

I'm sorry. It was just a **joke**.
미안해. 그건 그저 **농담**이었어.

We were laughing and **joking**.
우리는 웃고 **농담**을 하고 있었다.

---

219 • still
[stil]

ⓐⒹ 아직도, 여전히

I **still** miss my friend Kelly.
나는 **여전히** 내 친구 Kelly를 그리워한다.

---

220 • after school

방과 후에

We went to eat pizza **after school**.
우리는 **방과 후에** 피자를 먹으러 갔다.

Daily Check-up

A 빈칸에 알맞은 우리말 뜻 또는 영어를 써넣어 워드맵을 완성하시오.

학습과 친구

학습

1 _____ 공부하다; 학습

2 _____ check

3 _____ 숙제

4 _____ effort

5 _____ 우수한, 훌륭한

6 _____ break

7 _____ 어려운; 열심히

8 _____ ~을 제출하다

친구

9 _____ make friends

10 _____ ~와 잘 지내다

11 _____ fight

12 _____ 친한; 닫다

13 _____ same

14 _____ 다른; 여러 가지의

우정

15 _____ forever

16 _____ 별명

17 _____ 부르다; 전화하다

18 _____ joke

19 _____ 아직도, 여전히

20 _____ 방과 후에

B 우리말을 참고하여 문장을 완성하시오. (필요하면 단어 형태를 바꾸시오.)

1 I made an _____ to study every day.
나는 매일 공부하려고 노력했다.

2 I _____ with my classmates.
나는 반 친구들과 잘 지낸다.

3 We went to the _____ elementary school.
우리는 같은 초등학교에 다녔다.

4 Sam and I will be best friends _____.
Sam과 나는 영원히 가장 친한 친구일 것이다.

5 We went to eat pizza _____.
우리는 방과 후에 피자를 먹으러 갔다.

Review Test

A 들려주는 영어 단어와 어구를 쓴 후 우리말 뜻을 쓰시오.

영단어	뜻	영단어	뜻
1		2	
3		4	
5		6	
7		8	
9		10	
11		12	
13		14	
15		16	
17		18	
19		20	

B 밑줄 친 단어의 반의어(↔)를 골라 쓰시오.

보기	finish	different	close	difficult

1 Today's homework was very <u>easy</u>.   ↔ _____

2 When did the class <u>begin</u>?   ↔ _____

3 Do not <u>open</u> the window.   ↔ _____

4 I listen to the <u>same</u> music every day.   ↔ _____

C 다음 영영 풀이에 해당하는 알맞은 단어를 골라 쓰시오.

보기	explain	classmate	solve	check

1 to find an answer to a problem   _____

2 to make something easy to understand   _____

3 someone who is in the same class as you   _____

4 to look at something closely to find any mistakes   _____

D 다음 그림을 보고, 해당하는 단어와 연결하시오.

1    **2**   **3**   **4**

hall   notebook   read   fight

E 다음을 읽고, 두 문장에 공통으로 들어갈 단어를 골라 쓰시오.

보기	learn	break	call	grade

1 I didn't _____ the mirror.

   The science class starts after the _____.

2 What _____ are you in?

   Jason got the best _____ on the exam.

PLAN 4

사회생활

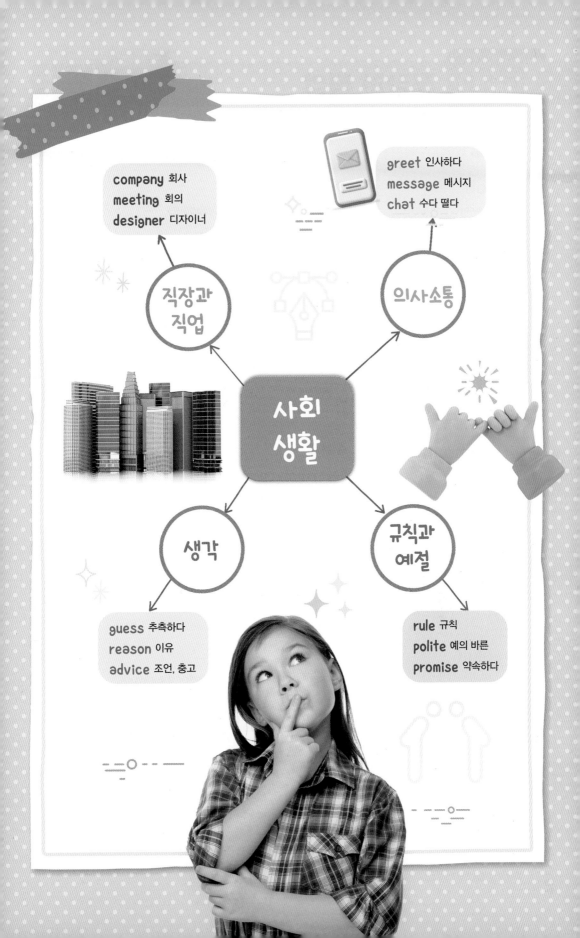

company 회사
meeting 회의
designer 디자이너

greet 인사하다
message 메시지
chat 수다 떨다

직장과 직업

의사소통

사회 생활

생각

규칙과 예절

guess 추측하다
reason 이유
advice 조언, 충고

rule 규칙
polite 예의 바른
promise 약속하다

MP3 듣기

✤ 직장

221 • job
[dʒɑːb]

ⓝ 직장, 일, 일자리

a part-time **job** 시간제 **일**(아르바이트)

I got a **job** at a hospital.
나는 병원에 **일자리**를 얻었다.

222 • work
[wəːrk]

ⓥ 일하다, 근무하다 ⓝ 일; 직장

My father **works** at a bank.
나의 아버지는 은행에서 **일하신다**.

go to **work** 출근하다

✤ worker ⓝ 근로자, 노동자

223 • company
[kʌ́mpəni]

ⓝ 회사

Lego is a toy **company**.
Lego는 장난감 **회사**이다.

224 • office
[ɔ́ːfis]

ⓝ 사무실, 사무소

Mark is working in the **office**.
Mark는 **사무실**에서 일하는 중이다.

225 • skill
[skil]

ⓝ 숙련; 기술

Workers need to learn **skills** for their work.
근로자들은 업무를 위해 **기술**을 배워야 한다.

🔊 the ability to do something well from training or experience
(훈련이나 경험을 통해 무언가를 잘하는 능력)

226 • chance
[tʃæns]

ⓝ 1 기회 2 가능성

She got a **chance** to work at NASA.
그녀는 NASA(미국 항공 우주국)에서 일할 **기회**를 얻었다.

There is no **chance** of rain today.
오늘 비가 올 **가능성**이 없다.

✤ 업무 활동

227 · meeting
[míːtiŋ]

ⓝ 회의

Let's have a **meeting** after lunch.
점심 식사 후에 **회의**합시다.

✦ meet ⓥ 만나다

---

228 · busy
[bízi]

ⓐ 바쁜, 분주한

She is **busy** in doing her work.
그녀는 일을 하느라 **바쁘다**.

💬 having a lot of things to do (할 일이 많은)

---

229 · succeed
[səksíːd]

ⓥ 성공하다

We **succeeded** in solving the problem.
우리는 그 문제를 해결하는 데 **성공했다**.

✦ success ⓝ 성공 | successful ⓐ 성공적인

---

230 · fail
[feil]

ⓥ 1 실패하다　2 (시험에) 떨어지다

He **failed** to finish the work.
그는 그 일을 마치는 데 **실패했다**.

I **failed** the exam. 나는 시험에서 **떨어졌다**.

---

231 · mistake
[mistéik]

ⓝ 실수, 잘못

The worker made the same **mistake**.
그 근로자는 같은 **실수**를 했다.

---

232 · happen
[hǽpən]

ⓥ 생기다, 일어나다

What **happened**? 무슨 **일이야**?
Good things will **happen** to us.
우리에게 좋은 일이 **생길** 것이다.

✤ 직업

233 · reporter
[ripɔ́ːrtər]

ⓝ 기자

The **reporter** is explaining what happened.
기자는 무슨 일이 있었는지 설명하고 있다.

✦ report ⓥ 보도[보고]하다

234 • soldier
[sóuldʒər]

ⓝ 군인

Soldiers fight for their country.
군인들은 자신의 나라를 위해 싸운다.

---

235 • driver
[dráivər]

ⓝ 운전사; 운전자

Thomas is the best taxi **driver**.
Thomas는 최고의 택시 **운전사**이다.

＋ drive ⓥ 운전하다

---

236 • chef
[ʃef]

ⓝ 요리사, 주방장

Our **chef** cooks Italian food.
저희 **요리사**는 이탈리아 음식을 요리합니다.

★ chef: 메뉴 개발과 주방을 총괄하는 '전문 요리사, 주방장'
cook: 음식을 만드는 모든 '요리사', 전문성과 상관 없이 쓸 수 있음

---

237 • farmer
[fáːrmər]

ⓝ 농부

The **farmer** is feeding the chickens on his farm.
농부는 자신의 농장에서 닭들에게 먹이를 주고 있다.

＋ farm ⓝ 농장

---

238 • police officer
[pəlíːs áːfisər]

ⓝ 경찰관

Police officers help people in many ways.
경찰관들은 여러모로 사람들을 돕는다.

＋ police ⓝ 경찰

---

239 • designer
[dizáinər]

ⓝ 디자이너; 설계자

My aunt works as a web **designer**.
이모는 웹 **디자이너**로 일한다.

＋ design ⓝ 디자인 ⓥ 디자인[설계]하다

---

240 • firefighter
[fáiərfaitər]

ⓝ 소방관

Firefighters wear yellow helmets.
소방관들은 노란색 안전모를 착용한다.

Daily Check-up

A 빈칸에 알맞은 우리말 뜻 또는 영어 단어를 써넣어 워드맵을 완성하시오.

직장과 직업

직장

1 _____
  직장, 일, 일자리
2 _____
  work
3 _____
  회사
4 _____
  office
5 _____
  숙련; 기술
6 _____
  chance

업무 활동

7 _____
  회의
8 _____
  busy
9 _____
  성공하다
10 _____
  fail
11 _____
  생기다, 일어나다
12 _____
  mistake

직업

13 _____
  기자
14 _____
  soldier
15 _____
  운전사
16 _____
  요리사, 주방장
17 _____
  farmer
18 _____
  경찰관
19 _____
  firefighter
20 _____
  디자이너

B 우리말을 참고하여 문장을 완성하시오. (필요하면 단어 형태를 바꾸시오.)

1 The worker made the same _____.
그 근로자는 같은 실수를 했다.

2 We _____ in solving the problem.
우리는 그 문제를 해결하는 데 성공했다.

3 _____ help people in many ways.
경찰관들은 여러모로 사람들을 돕는다.

4 The _____ is explaining what happened.
기자는 무슨 일이 있었는지 설명하고 있다.

5 Workers need to learn _____ for their work.
근로자들은 업무를 위해 기술을 배워야 한다.

MP3 듣기

♣ 만남

---

241 ● **introduce**
[ìntrədjúːs]

ⓥ 소개하다

I'd like to **introduce** myself to you.
여러분에게 제 **소개를** 할게요.

✛ introduction ⓝ 소개

---

242 ● **shake**
[ʃeik]
shake-shook-shaken

ⓥ 1 흔들다   2 악수하다

Shake the juice before you drink it.
주스를 마시기 전에 **흔드세요.**

She **shook** her head.
그녀는 고개를 **저었다.** (부정의 의미)

shake hands   악수하다

---

243 ● **welcome**
[wélkəm]

ⓥ 환영하다

Welcome to the party. Nice to meet you.
파티에 오신 것을 **환영합니다.** 만나서 반갑습니다.

---

244 ● **greet**
[griːt]

ⓥ 인사하다; 환영하다, 맞다

He **greeted** me with a smile.
그는 미소로 나를 **맞았다.**

✛ greeting ⓝ 인사

---

245 ● **hug**
[hʌg]

ⓥ 포옹하다, 껴안다

The two friends met and **hugged.**
그 두 친구는 만나서 **포옹했다.**

---

246 ● **guest**
[gest]

ⓝ 손님   ↔ host 주인, 주최자

Around 100 **guests** came to the party.
약 100명의 **손님이** 파티에 왔다.

✤ 소통

---

247 · **speak**
[spiːk]
speak-spoke-spoken

ⓥ 1 말하다 **2** 연설하다

I listen to others before I **speak**.
나는 **말하기** 전에 다른 이들의 말을 듣는다.

✚ speech ⓝ 말; 연설

---

248 · **talk**
[tɔːk]

ⓥ 이야기하다, 말하다

We **talked** about the party.
우리는 그 파티에 대해 **이야기했다**.

Can I **talk** to you? 너와 **얘기** 좀 할 수 있을까?

★ talk: 일상적이고 비공식적인 상황에서 대화나 의견을 나누는 것
speak: 좀 더 공식적이거나 정중한 상황에서 말하는 것

---

249 · **mean**
[miːn]
mean-meant-meant

ⓥ ~라는 뜻이다, 의미하다

What does the word **mean**? 그 단어는 무슨 **뜻인가요**?

Sorry. I don't know what you **mean**.
미안해. 무슨 **말인지** 모르겠어.

---

250 · **loudly**
[láudli]

ⓐ d 큰 소리로, 시끄럽게

Do not speak too **loudly**.
너무 **큰 소리로** 말하지 마세요.

✚ loud ⓐ (소리가) 큰, 시끄러운

---

251 · **send**
[send]
send-sent-sent

ⓥ 보내다

She **sent** me some flowers.
그녀는 내게 꽃을 좀 **보냈다**.

🔠 to make something go from one place to another
(무언가를 한 곳에서 다른 곳으로 가게 하다)

---

252 · **receive**
[risíːv]

ⓥ 받다 ↔ send

I **received** some questions from them.
나는 그들로부터 몇 가지 질문을 **받았다**.

receive an email 이메일을 **받다**

---

253 · **mail**
[meil]

ⓝ 우편; 우편물; (컴퓨터) 메일 ≒ email

I sent him some books by **mail**.
나는 그에게 **우편**으로 책 몇 권을 보냈다.

254 • message
[mésidʒ]

🔵 메시지, 전갈

send a text **message** 문자 **메시지**를 보내다
Did you check my **message**?
제 **메시지**를 확인했나요?

✤ 공감·문제 해결

255 • chat
[tʃæt]

🔵 수다 떨다; (인터넷으로) 채팅하다 🔵 잡담, 수다

I'm **chatting** with Sally online.
나는 온라인에서 Sally와 **수다 떨고** 있다(**채팅** 중이다).

have a **chat** with a friend
친구와 **수다** 떨다

256 • understand
[ʌndərstǽnd]

understand-
understood-
understood

🔵 이해하다

I **understand** how you feel.
나는 네가 어떤 기분인지 **이해해**.

257 • nobody
[nóubàdi]

🔵 아무도 ~않다

Nobody understood his message.
아무도 그의 메시지를 이해하지 **못했다**.

258 • refuse
[rifjúːz]

🔵 거절하다, 거부하다

He **refused** to come to the meeting.
그는 회의에 오는 것을 **거절했다**.

259 • trouble
[trʌ́bl]

🔵 곤란, 골칫거리, 애

make **trouble** 말썽을 일으키다
I had **trouble** making them understand.
나는 그들을 이해시키는 데 **애**를 먹었다.

260 • forgive
[fərgív]

forgive-forgave-
forgiven

🔵 용서하다

I'm sorry. Please **forgive** my mistake.
미안합니다. 저의 실수를 **용서해** 주세요.

📖 to stop feeling angry toward someone
    (누군가를 향한 분노를 멈추다)

Daily Check-up

A 빈칸에 알맞은 우리말 뜻 또는 영어 단어를 써넣어 워드맵을 완성하시오.

의사소통

만남

1 _____
introduce

2 _____
흔들다; 악수하다

3 _____
welcome

4 _____
인사하다; 맞다

5 _____
hug

6 _____
손님

소통

7 _____
말하다; 연설하다

8 _____
talk

9 _____
~라는 뜻이다,
의미하다

10 _____
loudly

11 _____
보내다

12 _____
receive

13 _____
메시지, 전갈

14 _____
우편; 우편물

공감·문제 해결

15 _____
수다 떨다; 잡담

16 _____
understand

17 _____
아무도 ~않다

18 _____
refuse

19 _____
곤란, 골칫거리

20 _____
용서하다

B 우리말을 참고하여 문장을 완성하시오. (필요하면 단어 형태를 바꾸시오.)

1 I _____ how you feel.
나는 네가 어떤 기분인지 이해해.

2 He _____ me with a smile.
그는 미소로 나를 맞았다.

3 I _____ some questions from them.
나는 그들로부터 몇 가지 질문을 받았다.

4 What does the word _____?
그 단어는 무슨 뜻인가요?

5 I'm sorry. Please _____ my mistake.
미안합니다. 저의 실수를 용서해 주세요.

MP3 듣기

✤ 사고

261 • think
[θiŋk]
think-thought-thought

ⓥ 생각하다

Do you **think** Sarah got angry?
너는 Sarah가 화가 났다고 **생각하니**?

➕ thought ⓝ 생각

262 • guess
[ges]

ⓥ 추측하다, 짐작하다　ⓝ 추측, 짐작

I **guess** she will forgive you.
나는 그녀가 널 용서할 거라고 **추측해**.

Your **guess** is right.　네 **추측**이 맞아.

263 • know
[nou]
know-knew-known

ⓥ 알다; 이해하다

I **know** the answer.　나는 답을 **안다**.

I don't **know** what you are saying.
네가 무슨 말을 하는지 나는 모르겠어.

264 • remember
[rimémbər]

ⓥ 기억하다

I **remember** meeting you before.
나는 전에 너를 만난 것을 **기억해**.

📼 to keep something from the past in your mind
(과거로부터의 어떤 일을 마음속에 저장하다)

265 • memory
[méməri]

ⓝ 1 기억(력)　2 추억

She has a good/bad **memory**.
그녀는 **기억력**이 좋다/나쁘다.

happy **memories** of the trip
그 여행의 행복한 **추억**

266 • forget
[fərgét]
forget-forgot-forgotten

ⓥ 잊다　↔ remember

Don't **forget** to turn off the lights.
불 끄는 것을 **잊지** 마세요.

♣ 판단

267 • decide
[disáid]

ⓥ 결정하다; 결심하다

They **decided** to have a meeting.
그들은 회의하기로 **결정했다**.

✛ decision ⓝ 결정

---

268 • believe
[bilí:v]

ⓥ 1 믿다   2 생각하다

I **believe** your decision.
나는 네 결정을 **믿어**.

I **believe** that you can succeed.
나는 네가 성공할 수 있을 거라고 **생각해**.

---

269 • trust
[trʌst]

ⓥ 신뢰하다

I **trust** my family and friends.
나는 내 가족과 친구들을 **신뢰한다**.

📖 to believe that someone is good and honest
(누군가가 좋고 정직하다고 믿다)

★ believe: 사람의 행동이나 말을 믿는다는 의미
trust: 사람 자체를 신뢰한다는 의미

---

270 • agree
[əgrí:]

ⓥ 동의하다   ↔ disagree 동의하지 않다

I **agree** with your plan.
나는 네 계획에 **동의해**.

📖 to have the same idea about something
(무언가에 대해 같은 생각을 갖다)

---

271 • reason
[rí:zn]

ⓝ 이유

She has a good **reason** to do that.
그녀가 그렇게 하는 데에는 타당한 **이유**가 있다.

---

272 • prefer
[prifə́:r]

ⓥ 선호하다, 더 좋아하다

I **prefer** white curtains to yellow ones.
나는 노란색 커튼보다 흰색 커튼을 **선호한다**.

---

273 • clear
[kliər]

ⓐ 1 분명한, 확실한   2 맑은

It is **clear** that he didn't lie.
그가 거짓말을 하지 않았다는 것이 **분명하다**.

a **clear** sky **맑은** 하늘

✤ 의견과 조언

274 • idea
[aidíːə]

ⓝ 생각, 발상

That's a good **idea**. 좋은 **생각**이야.

---

275 • advice
[ədváis]

ⓝ 조언, 충고

I asked my teacher for **advice**.
나는 선생님께 **조언**을 구했다.

↻ ask ~ for advice 조언을 구하다

a piece of **advice** 충고 한 마디

✤ advise ⓥ 조언[충고]하다

---

276 • tip
[tip]

ⓝ 1 조언 2 팁, 사례금

Here are 5 **tips** for making friends.
여기 친구를 사귀기 위한 5가지의 **조언**이 있다.

I gave the waiter a 20% **tip**.
나는 웨이터에게 20% **팁**을 주었다.

---

277 • choice
[tʃɔis]

ⓝ 선택; 선택권

You have two **choices**: yes or no.
당신에게 두 가지 **선택**, 즉 '예' 또는 '아니오'가 있다.

✤ choose ⓥ 고르다, 선택하다

---

278 • helpful
[hélpfəl]

ⓐ 도움이 되는, 유익한

His advice was **helpful**.
그의 조언은 **도움이 되었다**.

✤ help ⓥ 돕다 ⓝ 도움

---

279 • nod
[nɑːd]

ⓥ (고개를) 끄덕이다

He understood and **nodded** his head.
그는 이해했고 고개를 **끄덕였다**.

---

280 • support
[səpɔ́ːrt]

ⓥ 지지하다 ⓝ 지지

I **support** his idea. 나는 그의 생각을 **지지한다**.

Thank you for your **support**.
여러분의 **지지**에 감사드립니다.

Daily Check-up

A 빈칸에 알맞은 우리말 뜻 또는 영어 단어를 써넣어 워드맵을 완성하시오.

생각

사고

1 _____
　　think

2 _____
　　추측하다; 추측

3 _____
　　know

4 _____
　　기억하다

5 _____
　　memory

6 _____
　　잊다

판단

7 _____
　　결정하다; 결심하다

8 _____
　　believe

9 _____
　　trust

10 _____
　　선호하다

11 _____
　　agree

12 _____
　　분명한; 맑은

13 _____
　　reason

의견과 조언

14 _____
　　생각, 발상

15 _____
　　advice

16 _____
　　조언; 팁

17 _____
　　helpful

18 _____
　　(고개를) 끄덕이다

19 _____
　　choice

20 _____
　　지지하다; 지지

B 우리말을 참고하여 문장을 완성하시오. (필요하면 단어 형태를 바꾸시오.)

1　I _____ meeting you before.
　　나는 전에 너를 만난 것을 기억해.

2　They _____ to have a meeting.
　　그들은 회의하기로 결정했다.

3　She has a good _____ to do that.
　　그녀가 그렇게 하는 데에는 타당한 이유가 있다.

4　You have two _____: yes or no.
　　당신에게 두 가지 선택, 즉 '예' 또는 '아니오'가 있다.

5　He understood and _____ his head.
　　그는 이해했고 고개를 끄덕였다.

MP3 듣기

♣ 규칙

281 • **rule**
[ruːl]

Ⓝ **규칙**

Rules help us get along with others.
규칙은 우리가 다른 사람들과 잘 지내도록 돕는다.

---

282 • **follow**
[fáːlou]

Ⓥ 1 **따라가다[오다]** 2 (지시 등을) **따르다**

Follow me. 저를 **따라오세요.**

follow school rules 교칙을 **따르다**

---

283 • **teach**
[tiːtʃ]
teach-taught-taught

Ⓥ **가르치다**

My dad **teaches** science at a middle school.
아빠는 중학교에서 과학을 **가르치신다.**

My mom **taught** me to be kind to others.
엄마는 내게 다른 사람들에게 친절하라고 **가르치셨다.**

---

284 • **behavior**
[bihéivjər]

Ⓝ **행동**

We learned about good **behavior**.
우리는 바른 **행동**에 대해 배웠다.

✛ behave Ⓥ 행동하다

---

285 • **avoid**
[əvɔ́id]

Ⓥ **피하다**

Avoid eating late at night. 밤늦게 먹는 것을 **피해라.**

Try to **avoid** making mistakes.
실수하는 것을 **피하려고** 노력해라.

🔲 to keep away from someone or something
(누군가 또는 무언가로부터 멀리하다)

---

286 • **wrong**
[rɔːŋ]

ⓐ **잘못된, 틀린** ↔ right 옳은, 올바른

I can't forgive your **wrong** behavior.
나는 너의 **잘못된** 행동을 용서할 수 없어.

a **wrong** answer 오답

287 ● without
[wiðáut]

prep ~ 없이

We can't drive safely **without** rules.
우리는 규칙 **없이** 안전하게 운전할 수 없다.

288 ● all the time

늘, 항상　= always

She follows the rules **all the time**.
그녀는 **항상** 규칙을 따른다.

✤ 예절

289 ● polite
[pəláit]

a 예의 바른, 공손한

Jason is **polite** to everyone.
Jason은 모든 사람들에게 **예의 바르다**.

📖 showing good manners toward others
(다른 사람에게 좋은 매너를 보이는)

290 ● please
[pli:z]

ad 부디, 제발　**v** 기쁘게 하다

Listen carefully, **please**. **부디** 잘 들어주세요.
The baby's smile **pleased** us.
그 아기의 미소는 우리를 **기쁘게 했다**.

291 ● excuse
ⓥ [ikskjú:z]
ⓝ [ikskjú:s]

v (무례 등을) 용서하다　**n** 변명

Please **excuse** us for making noise.
소란을 피워서 **죄송합니다**.
Don't make **excuses**. **변명**하지 마.

292 ● line
[lain]

n 선; 줄

draw a **line** 선을 그리다
Many people stood in **line** for the bus.
많은 사람들이 버스를 타려고 **줄**을 서 있었다.

🔄 stand in line 줄 서다, 일렬로 서다

293 ● important
[impɔ́:rtənt]

a 중요한

It's **important** to be polite at work.
직장에서 예의 바른 것이 **중요하다**.

294 • voice
[vɔis]

ⓝ 목소리

Please lower/raise your **voice**.
목소리를 낮추세요/높이세요.

---

295 • knock
[nɑ:k]

ⓥ (문 등을) 두드리다, 노크하다

Please **knock** before you enter.
들어오기 전에 **노크하세요**.

---

296 • each other

서로

Good friends trust **each other**.
좋은 친구는 **서로** 신뢰한다.

✤ 약속

297 • promise
[prá:mis]

ⓥ 약속하다   ⓝ 약속

John **promised** not to be late again.
John은 다시는 늦지 않겠다고 **약속했다**.

keep/break one's **promise**   **약속**을 지키다/어기다

---

298 • on time

제 시간에, 시간을 어기지 않고

Sorry. I can't get there **on time**.
미안해. 나는 **제시간에** 그곳에 도착할 수 없어.

---

299 • wait
[weit]

ⓥ 기다리다

Please **wait** a moment. 잠시 **기다려** 주세요.

I **waited** for my friend to come.
나는 내 친구가 오기를 **기다렸다**.

---

300 • put off

(시간·날짜를) 미루다, 연기하다

Let's **put off** the meeting. 회의를 **미룹시다**.

Don't **put off** doing your homework.
숙제하는 것을 **미루지** 마.

A 빈칸에 알맞은 우리말 뜻 또는 영어를 써넣어 워드맵을 완성하시오.

규칙과 예절

규칙

1 _____ rule

2 _____ 따라가다; 따르다

3 _____ teach

4 _____ 행동

5 _____ avoid

6 _____ 잘못된, 틀린

7 _____ without

8 _____ 늘, 항상

예절

9 _____ 예의 바른, 공손한

10 _____ please

11 _____ 용서하다; 변명

12 _____ line

13 _____ 중요한

14 _____ voice

15 _____ 서로

16 _____ knock

약속

17 _____ 약속하다; 약속

18 _____ on time

19 _____ 기다리다

20 _____ put off

B 우리말을 참고하여 어구 또는 문장을 완성하시오. (필요하면 단어 형태를 바꾸시오.)

1 _____ school rules
교칙을 따르다

2 Try to _____ making mistakes.
실수하는 것을 피하려고 노력해라.

3 It's _____ to be polite at work.
직장에서 예의 바른 것이 중요하다.

4 Good friends trust _____.
좋은 친구는 서로 신뢰한다.

5 I _____ for my friend to come.
나는 내 친구가 오기를 기다렸다.

Review Test

A 들려주는 영어 단어와 어구를 쓴 후 우리말 뜻을 쓰시오.

영단어	뜻	영단어	뜻
1		2	
3		4	
5		6	
7		8	
9		10	
11		12	
13		14	
15		16	
17		18	
19		20	

B 다음 주어진 단어를 괄호 안의 품사에 맞게 알맞은 형태로 바꿔 쓰시오.

1 success   - _____ (v)

2 speech   - _____ (v)

3 decision   - _____ (v)

4 help   - _____ (a)

C 다음 영영 풀이에 해당하는 알맞은 단어를 골라 쓰시오.

보기	agree	busy	polite	forgive

1 having a lot of things to do _____

2 to have the same idea about something _____

3 to stop feeling angry toward someone _____

4 showing good manners toward others _____

D 다음 그림을 보고, 해당하는 단어와 연결하시오.

1  2 3 4

· · · ·

· · · ·

promise farmer shake knock

E 다음을 읽고, 두 문장에 공통으로 들어갈 단어를 골라 쓰시오.

보기	avoid	clear	please	wrong

1 It is _____ that my sister is angry.

The lake looks very _____.

2 _____ close the door.

Their support _____d us.

✿ 예문에서 뽑은 최중요 핵심 표현

핵심 표현 다시 점검하며 빈칸 완성해 보기

1 **be late for**　　　~에 늦다[지각하다]

I'm never _____ school.
나는 학교에 절대 **늦지** 않는다.

2 **take notes**　　　기록하다, 필기하다

I _____ in my textbook.
나는 교과서에 **필기를 했다.**

3 **be full of**　　　~로 가득 차다, ~가 많다

The playground _____ students.
운동장이 학생들로 **가득 차 있다.**

4 **in the middle of**　　　~의 한가운데[중앙]에

The nose is _____ of the face.
코는 얼굴의 **중앙에** 있다.

5 **make an effort**　　　노력하다

I _____ to study every day.
나는 매일 공부하려고 **노력했다.**

6 **succeed in**　　　~하는 데 성공하다

We _____ solving the problem.
우리는 그 문제를 해결하는 **데 성공했다.**

7 **make a mistake**　　　실수하다

The worker _____ the same _____.
그 근로자는 같은 **실수를 했다.**

8　in many ways　여러모로, 많은 방식으로

Police officers help people _____.
경찰관들은 **여러모로** 사람들을 돕는다.

9　prefer _A_ to _B_　B보다 A를 선호하다

I _____ white curtains _____ yellow
ones.　나는 노란색 커튼**보다** 흰색 커튼을 **선호한다**.

10　stand in line　줄 서다, 일렬로 서다

Many people _____ for the bus.
많은 사람들이 버스를 타려고 **줄을 서 있었다**.

✿ 발음이나 철자가 유사한 혼동어

222 **work** [wəːrk] ⓥ 일하다 ⓝ 일; 직장 ｜ 116 **walk** [wɔːk] ⓥ 걷다; 산책시키다 ⓝ 걷기

★ 비슷해 보이는 두 단어의 철자, 발음, 뜻 차이에 유의하자.

251 **send** [send] ⓥ 보내다 ｜ 665 **sand** [sænd] ⓝ 모래

★ 비슷해 보이는 두 단어의 모음의 철자 차이와 뜻 차이에 유의하자.

253 **mail** [meil] ⓝ 우편; 우편물; (컴퓨터) 메일 ｜ **male** [meil] ⓝ 남성 ⓐ 남성의

★ 두 단어는 발음은 동일하지만 철자와 뜻이 다르다.

273 **clear** [kliər] ⓐ 분명한; 맑은 ｜ 110 **clean** [kliːn] ⓥ 청소하다 ⓐ 깨끗한

★ 두 단어는 철자와 뜻이 비슷해 보이므로 유의하자.

정답　1 late for　2 took notes　3 is full of　4 in the middle　5 made an effort　6 succeeded in
7 made, mistake　8 in many ways　9 prefer, to　10 stood in line

PLAN
5

신체와 건강

body 몸, 신체
finger 손가락
hear 듣다

put on ~을 입다
push 밀다; 누르다
climb 오르다

신체

행동과
동작

신체와
건강

운동

건강

baseball 야구
catch 잡다
win 이기다

sick 아픈, 병든
dentist 치과 의사
dangerous 위험한

MP3 듣기

301 • body
[bá:di]

ⓝ 몸, 신체

Our **bodies** need food for energy.
우리의 **몸**은 에너지를 위해 음식이 필요하다.

✤ 머리·얼굴

302 • head
[hed]

ⓝ 머리   ⓥ 향하다

Look at the hat on his **head**.
그의 **머리**에 모자를 봐.

They are **heading** home.
그들은 집으로 **향하고** 있다.

★ cf. face 얼굴, eye 눈, nose 코, mouth 입, ear 귀

303 • hair
[heər]

ⓝ 머리카락; 털

Soldiers have short **hair**.
군인들은 **머리[머리카락]**가 짧다.

304 • tooth
[tu:θ]

ⓝ 이, 치아

I had my **tooth** pulled out.
나는 **이**를 뽑았다.

Brush your **teeth** after meals.
식사 후에 **이**를 닦아라.

★ 복수형은 teeth이다.

305 • tongue
[tʌŋ]

ⓝ 혀

The boy stuck out his **tongue**.
그 남자아이는 **혀**를 내밀었다.

306 • neck
[nek]

ⓝ 목

Paula has a scarf around her **neck**.
Paula는 **목**에 스카프를 두르고 있다.

♣ 몸

307 • shoulder
[ʃóuldər]

ⓝ 어깨

The dad put his son on his **shoulders**.
아빠가 아들을 **어깨** 위에 올려놓았다(무동을 태웠다).

308 • arm
[ɑːrm]

ⓝ 팔

The robot has **arms** like a human.
그 로봇은 인간처럼 **팔**이 있다.

walk **arm** in **arm** **팔**짱을 끼고 걷다

309 • finger
[fíŋɡər]

ⓝ 손가락

We have five **fingers** on each hand.
우리는 각 손에 다섯 개의 **손가락**이 있다.

310 • leg
[leg]

ⓝ 다리

My right **leg** is broken. 내 오른쪽 **다리**가 부러졌다.
Spiders have eight **legs**. 거미는 **다리**가 8개이다.

311 • knee
[niː]

ⓝ 무릎

Bend your **knees**.
무릎을 구부리세요.

📖 the middle part of the leg (다리의 가운데 부분)

312 • foot
[fut]

ⓝ 발

Put your **foot** on the chair.
발을 의자 위에 올려놓아라.

★ 복수형은 feet이다.

♣ 신체 감각

313 • see
[siː]
see-saw-seen

ⓥ 1 보다   2 알다, 이해하다

We **see** everything with our eyes.
우리는 모든 것을 우리의 눈으로 **본다**.

I **see** what you mean.
네 말이 무슨 뜻인지 **알겠어**.

314 • **hear**

[hiər]

hear-heard-heard

ⓥ 듣다, 들리다

I **heard** birds singing this morning.
나는 오늘 아침에 새들이 노래하는 것을 **들었다.**

Sorry? I can't **hear** you. 네? 안 **들려요.**

---

315 • **sound**

[saund]

ⓥ ~처럼 들리다　ⓝ 소리

It **sounds** exciting. 그것은 흥미롭게 **들린다.**

I like the **sound** of rain. 나는 빗**소리**를 좋아한다.

---

316 • **smell**

[smel]

ⓥ 냄새가 나다; 냄새 맡다　ⓝ 냄새, 향

The roses **smell** sweet.
그 장미는 향긋한 **냄새가 난다.**

Dogs **smell** very well. 개는 **냄새**를 매우 잘 **맡는다.**

the good **smell** of pizza 피자의 좋은 **냄새**

---

317 • **touch**

[tʌtʃ]

ⓥ 만지다

Don't **touch** it. It's very hot.
그것을 **만지지** 마. 매우 뜨거워.

---

318 • **taste**

[teist]

ⓥ 맛을 보다; ~ 맛이 나다　ⓝ 맛

We use the tongue to **taste** food.
우리는 혀를 이용하여 음식 **맛**을 본다.

the sweet **taste** of chocolate 초콜릿의 단**맛**

---

319 • **hungry**

[hʌ́ŋgri]

ⓐ 배고픈

I'm very **hungry** now.
나는 지금 몹시 **배가 고프다.**

＋ hunger ⓝ 배고픔; 기아

---

320 • **thirsty**

[θə́ːrsti]

ⓐ 목마른

When we're **thirsty**, we drink water.
우리는 **목이 마를** 때 물을 마신다.

Daily Check-up

A 빈칸에 알맞은 우리말 뜻 또는 영어 단어를 써넣어 워드맵을 완성하시오.

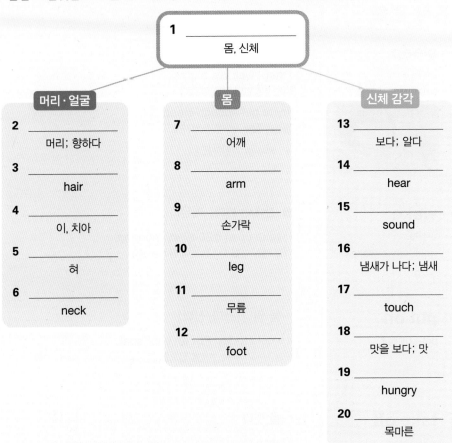

1 _____
몸, 신체

머리·얼굴

2 _____
머리; 향하다

3 _____
hair

4 _____
이, 치아

5 _____
혀

6 _____
neck

몸

7 _____
어깨

8 _____
arm

9 _____
손가락

10 _____
leg

11 _____
무릎

12 _____
foot

신체 감각

13 _____
보다; 알다

14 _____
hear

15 _____
sound

16 _____
냄새가 나다; 냄새

17 _____
touch

18 _____
맛을 보다; 맛

19 _____
hungry

20 _____
목마른

B 우리말을 참고하여 문장을 완성하시오. (필요하면 단어 형태를 바꾸시오.)

1 Bend your _____.
무릎을 구부리세요.

2 The boy stuck out his _____.
그 남자아이는 혀를 내밀었다.

3 We have five _____ on each hand.
우리는 각 손에 다섯 개의 손가락이 있다.

4 The roses _____ sweet.
그 장미는 향긋한 냄새가 난다.

5 When we're _____, we drink water.
우리는 목이 마를 때 물을 마신다.

MP3 듣기

✦ 일상 행동

---

321 • **sleep**

[sli:p]

sleep-slept-slept

ⓥ 잠자다　ⓝ 잠, 수면

I **slept** well last night.
나는 어젯밤에 **잠**을 잘 **잤다**.

Try to get enough **sleep**.
충분한 **잠**을 자도록 노력하렴.

✦ asleep ⓐ 잠이 든

---

322 • **wake**

[weik]

wake-woke-woken

ⓥ (잠에서) 깨다; 깨우다

I **wake** up at 6:30 every morning.
나는 매일 아침 6시 30분에 **잠에서 깬다**.

---

323 • **put on**

put-put-put

～을 입다[쓰다/신다]

It's cold today. **Put on** your coat.
오늘 날씨가 추워. 코트를 **입으렴**.

---

324 • **take off**

～을 벗다

Please **take off** your shoes before coming in.
들어오기 전에 신발을 **벗어주세요**.

---

325 • **stand**

[stænd]

stand-stood-stood

ⓥ 서다, 서 있다

I was **standing** by the window. 나는 창가에 **서 있었다**.
Everyone **stood** up. 모든 사람들이 **일어섰다**.

↻ stand up (자리에서) 일어서다

---

326 • **sit**

[sit]

sit-sat-sat

ⓥ 앉다; 앉아 있다

Can I **sit** here? 여기에 **앉아도** 될까요?
The family **sat** down around the table.
그 가족은 식탁에 둘러 **앉았다**.

↻ sit down (자리에) 앉다

✦ 기본 동작

327 • push
[puʃ]

Ⓥ 1 밀다   2 누르다

Push the door open.   문을 **밀어서** 여세요.

push a button   버튼을 **누르다**

---

328 • pull
[pul]

Ⓥ 끌다, 잡아당기다   ↔push

Pull the handle to close the window.
창문을 닫으려면 손잡이를 **잡아당기시오.**

---

329 • hold
[hould]
hold-held-held

Ⓥ 1 잡다, 붙들다   2 열다, 개최하다

Hold the ball with two hands.
두 손으로 공을 **잡아라.**

hold a party   파티를 **열다**

📖 1 to have or keep something in your hand(s)

---

330 • carry
[kǽri]

Ⓥ 1 나르다, 운반하다   2 가지고 다니다

This big truck **carries** cars.
이 커다란 트럭은 자동차를 **운반한다.**

We always **carry** cellphones.
우리는 늘 휴대폰을 **가지고 다닌다.**

---

331 • bring
[briŋ]
bring-brought-brought

Ⓥ 가져오다; 데려오다

Bring me a glass of water, please.
제게 물 한 잔 **가져다주세요.**

---

332 • drop
[drɑ:p]

Ⓥ 떨어뜨리다; 떨어지다

Be careful not to **drop** the glass.
유리잔을 **떨어뜨리지** 않도록 조심하시오.

✦ 전신·다리 동작

333 • move
[mu:v]

Ⓥ 1 움직이다   2 옮기다, 이사하다

The old man could not **move** his legs.
노인은 자신의 다리를 **움직일** 수 없었다.

His family **moved** to Washington last year.
그의 가족은 작년에 워싱턴으로 **이사했다.**

334 · step
[step]

ⓝ 1 (발)걸음   2 단계

The baby took a **step** toward her mom.
아기는 엄마를 향해 한 **걸음** 내딛었다.

the first **step** of the plan   그 계획의 첫 번째 **단계**

---

335 · jump
[dʒʌmp]

ⓥ 뛰다, 뛰어오르다

Let's **jump** high! 높이 **뜁시다!**

When I come home, my dog **jumps** on me.
집에 오면, 내 개는 내게 **뛰어오른다.**

---

336 · swing
[swiŋ]
swing-swung-swung

ⓥ 1 흔들다, 흔들리다   2 휘두르다

Don't **swing** your legs.
다리를 **흔들지** 마세요.

swing a bat   야구방망이를 **휘두르다**

🔊 to move back and forth or from side to side
  (앞뒤 또는 좌우로 움직이다)

---

337 · wave
[weiv]

ⓥ (손 등을) 흔들다   **ⓝ** 파도

She **waved** goodbye.
그녀는 **손을 흔들어** 작별 인사를 했다.

white **waves** in the sea   바다의 하얀 **파도**

🔊 ⓥ to move your hand to greet someone
  (누군가에게 인사하기 위해 손을 움직이다)

---

338 · climb
[klaim]

ⓥ 오르다, 올라가다

The firefighter began to **climb** the ladder.
소방관이 사다리를 **올라가기** 시작했다.

---

339 · fast
[fæst]

ⓐ 빠른   **ⓐⓓ** 빨리

a **fast** train   **빠른** 기차(급행열차)

Leopards run very **fast**.
표범은 매우 **빨리** 달린다.

---

340 · slowly
[slóuli]

ⓐⓓ 천천히, 느리게   ↔ fast

She opened the door very **slowly**.
그녀는 매우 **천천히** 문을 열었다.

➕ slow ⓐ 느린

A 빈칸에 알맞은 우리말 뜻 또는 영어를 써넣어 워드맵을 완성하시오.

행동과 동작

일상 행동

1 _____
잠자다; 수면

2 _____
wake

3 _____
~을 입다[신다]

4 _____
take off

5 _____
앉다; 앉아 있다

6 _____
stand

기본 동작

7 _____
밀다; 누르다

8 _____
pull

9 _____
잡다, 붙들다

10 _____
carry

11 _____
가져오다; 데려오다

12 _____
drop

전신·다리 동작

13 _____
move

14 _____
(발)걸음; 단계

15 _____
jump

16 _____
흔들다; 휘두르다

17 _____
wave

18 _____
오르다, 올라가다

19 _____
fast

20 _____
천천히, 느리게

PLAN 5

B 우리말을 참고하여 문장을 완성하시오. (필요하면 단어 형태를 바꾸시오.)

1 His family _____ to Washington last year.
그의 가족은 작년에 워싱턴으로 이사했다.

2 _____ the ball with two hands.
두 손으로 공을 잡아라.

3 Please _____ your shoes before coming in.
들어오기 전에 신발을 벗어주세요.

4 The firefighter began to _____ the ladder.
소방관이 사다리를 올라가기 시작했다.

5 She opened the door very _____.
그녀는 매우 천천히 문을 열었다.

MP3 듣기

✤ 운동 종류

341 • **soccer**

[sákər]

ⓝ 축구

Soccer is the most popular sport in the world.
축구는 세계에서 가장 인기 있는 스포츠이다.

★ cf. football (미식) 축구

---

342 • **baseball**

[béisbɔ̀:l]

ⓝ 야구

We played **baseball** after school.
우리는 방과 후에 **야구**를 했다.

★ cf. basketball 농구

---

343 • **volleyball**

[válibɔ̀:l]

ⓝ 배구

The **volleyball** game was fun.
배구 경기가 재미있었다.

---

344 • **marathon**

[mǽrəθɑ̀n]

ⓝ 마라톤

Marathon runners run 42.195 km.
마라톤 주자들은 42.195킬로미터를 달린다.

---

345 • **skate**

[skeit]

ⓥ 스케이트를 타다

People **skate** on the ice in winter.
사람들은 겨울에 빙판에서 **스케이트를 탄다**.

★ cf. ice/figure skating 아이스/피겨 스케이팅

---

346 • **ski**

[ski:]

ⓥ 스키를 타다

We go **skiing** in the mountains.
우리는 산에 **스키를 타러** 간다.

★ go -ing: ~하러 가다
go swimming/camping/climbing 수영/캠핑/등산하러 가다

✤ 운동 동작

347 • exercise
[éksərsàiz]

ⓝ 운동 ⓥ 운동하다

I walk every day for **exercise**.
나는 **운동**을 위해 매일 걷는다.

exercise in the gym 체육관에서 **운동하다**

348 • kick
[kik]

ⓥ (발로) 차다

He **kicked** the ball high.
그는 공을 높이 **찼다**.

349 • catch
[kætʃ]
catch-caught-caught

ⓥ 잡다

The goalkeeper failed to **catch** the ball.
골키퍼는 공을 **잡지** 못했다.

350 • throw
[θrou]
throw-threw-thrown

ⓥ 던지다

Just **throw** the ball. I will catch it!
그냥 공을 **던져**. 내가 잡을게!

351 • hit
[hit]
hit-hit-hit

ⓥ 때리다, 치다

He **hit** the ball over the fence.
그는 공을 **쳐서** 담장을 넘겼다.

352 • bounce
[bauns]

ⓥ 튀다; 튀어 오르다

The ball **bounced** off the floor.
공이 바닥에서 **튀어 올랐다**.

🔍 to move up or away after hitting the floor
(바닥을 친 후 위나 멀리 움직이다)

✤ 스포츠 경기

353 • team
[tiːm]

ⓝ 팀, 단체

Soccer is a **team** sport.
축구는 **팀** 스포츠이다.

354 • player
[pléiər]

ⓝ 선수, 참가자

Each baseball team has 9 **players**.
각 야구팀은 9명의 **선수들**이 있다.

---

355 • join
[dʒɔin]

ⓥ 1 가입하다   2 함께하다, 합류하다

join a swimming club 수영 동아리에 **가입하다**

Two new players **joined** the team.
두 명의 새로운 선수가 그 팀에 **합류했다**.

---

356 • win
[win]
win-won-won

ⓥ 1 이기다   2 (승리·상품 등을) 획득하다

The team will **win** the game easily.
그 팀은 그 경기에 쉽게 **이길** 것이다.

win first prize 1등 상을 **받다**

---

357 • lose
[luːz]
lose-lost-lost

ⓥ 1 잃어버리다   2 (경기에서) 지다 ⟷win

I **lost** my ball. 나는 내 공을 **잃어버렸다**.

We don't want to **lose** the game.
우리는 경기에서 **지고** 싶지 않다.

📖 2 to fail to win a game (경기에서 이기지 못하다)

---

358 • point
[pɔint]

ⓝ 1 요점   2 점수   ⓥ 가리키다

What's your **point**? 네 얘기의 **요점**이 뭐니?

The two teams got the same number of **points**.
양 팀이 동일한 **득점**을 했다.

point at the sky 하늘을 **가리키다**

---

359 • final
[fáinəl]

ⓐ 마지막의   ⓝ 결승전

The **final** game was very exciting.
마지막 경기는 아주 흥미진진했다.

We made it to the **finals**.
우리는 **결승전**에 진출했다.

---

360 • medal
[médl]

ⓝ 메달

She won a gold **medal** at the Olympics.
그녀는 올림픽에서 금**메달**을 땄다.

A 빈칸에 알맞은 우리말 뜻 또는 영어 단어를 써넣어 워드맵을 완성하시오.

운동

운동 종류

1 _____
   soccer

2 _____
   야구

3 _____
   volleyball

4 _____
   마라톤

5 _____
   ski

6 _____
   스케이트를 타다

운동 동작

7 _____
   운동; 운동하다

8 _____
   hit

9 _____
   잡다

10 _____
   throw

11 _____
   (발로) 차다

12 _____
   bounce

스포츠 경기

13 _____
   단체

14 _____
   player

15 _____
   가입하다; 함께하다

16 _____
   win

17 _____
   지다

18 _____
   point

19 _____
   마지막의; 결승전

20 _____
   메달

B 우리말을 참고하여 문장을 완성하시오. (필요하면 단어 형태를 바꾸시오.)

1 People _____ on the ice in winter.
사람들은 겨울에 빙판에서 스케이트를 탄다.

2 I walk every day for _____.
나는 운동을 위해 매일 걷는다.

3 The goalkeeper failed to _____ the ball.
골키퍼는 공을 잡지 못했다.

4 Two new players _____ the team.
두 명의 새로운 선수가 그 팀에 합류했다.

5 The _____ game was very exciting.
마지막 경기는 아주 흥미진진했다.

MP3 듣기

✛ 질병과 증상

---

361 • sick
[sik]

ⓐ 아픈, 병든

I stayed home today because I was **sick**.
나는 **아파서** 오늘 집에 있었다.

---

362 • weak
[wi:k]

ⓐ 약한, 힘이 없는　↔ strong 힘센, 강한

a **weak** voice 힘없는 목소리

We become **weak** when we are sick.
우리는 아플 때 **약해**진다.

---

363 • tired
[táiərd]

ⓐ 피곤한, 지친

You look so **tired** today.
너 오늘 무척 **피곤해** 보여.

---

364 • hurt
[hə:rt]
hurt-hurt-hurt

ⓥ 1 다치게 하다　2 아프다

I **hurt** my foot while playing soccer.
나는 축구를 하다가 발을 **다쳤다**.

My tooth **hurts**. 나는 이가 **아프다**.

---

365 • catch a cold

감기에 걸리다

My sister often **catches a cold**.
내 여동생은 자주 **감기에 걸린다**.

★ catch a cold에서 catch 대신 have, get을 쓸 수 있다.

---

366 • headache
[hédeik]

ⓝ 두통

I couldn't sleep because I had a **headache**.
나는 **두통**이 있어서 잠을 잘 수 없었다.

★ head(머리) + ache(통증) → 머리 통증 → 두통
cf. toothache 치통, stomachache 복통

367 • **runny nose**	**콧물** I have a **runny nose**. 나는 **콧물**이 난다.
368 • **heart** [hɑːrt]	ⓝ **심장** My grandmother had a **heart** problem. 우리 할머니는 **심장**병이 있었다. ★ heart problem[disease] 심장병

♣ 건강 관리

369 • **health** [helθ] 	ⓝ **건강** Sleeping well is good for your **health**. 잠을 잘 자는 것이 여러분의 **건강**에 좋다. ✦ healthy ⓐ 건강한, 건강에 좋은
370 • **habit** [hǽbit]	ⓝ **버릇; 습관** She has good eating **habits**. 그녀는 식**습관**이 좋다. break a **habit** 습관을 고치다
371 • **hospital** [hάːspitl]	ⓝ **병원** Amy is sick and in the **hospital**. Amy는 아파서 **병원**에 있다(입원해 있다). ⟳ be in the hospital 입원해 있다
372 • **nurse** [nəːrs]	ⓝ **간호사** **Nurses** take care of sick people. **간호사들**은 아픈 사람들을 보살핀다.
373 • **dentist** [déntist]	ⓝ **치과 의사** I had a toothache and went to the **dentist**. 나는 치통이 있어서 **치과 의사**에게(치과에) 갔다.

374 • right away

즉시, 당장

You should go to see a doctor **right away**.
즉시 병원에 가세요.

---

375 • relax
[rilǽks]

ⓥ 휴식을 취하다; 긴장을 풀다

Relax and try to sleep.
긴장을 풀고 잠을 자려고 노력하세요.

---

376 • early
[ə́:rli]

ⓐⓓ 일찍   ⓐ 이른, 빠른

I get up **early** and go to the gym.
나는 **일찍** 일어나서 체육관에 간다.

in the **early** spring   이른 봄[초봄]에

✤ 사고와 안전

377 • dangerous
[déindʒərəs]

ⓐ 위험한

It's **dangerous** to climb the tree.
그 나무에 올라가는 것은 **위험하다**.

✛   danger ⓝ 위험

---

378 • safe
[seif]

ⓐ 안전한   ↔ dangerous

Is it **safe** to swim here?
여기서 수영하는 것은 **안전한**가요?

🔟 not in danger or likely to be hurt
(위험에 처하거나 다치지 않을 것 같은)

✛   safety ⓝ 안전

---

379 • die
[dai]

ⓥ 죽다   ＝ pass away

He grew too weak and **died**.
그는 너무 약해졌고 **사망했다**.

✛   dead ⓐ 죽은

---

380 • remove
[rimú:v]

ⓥ 제거하다, 치우다

Remove dangerous things from your home.
여러분의 가정에서 위험한 물건들을 **제거하세요**.

Daily Check-up

A 빈칸에 알맞은 우리말 뜻 또는 영어를 써넣어 워드맵을 완성하시오.

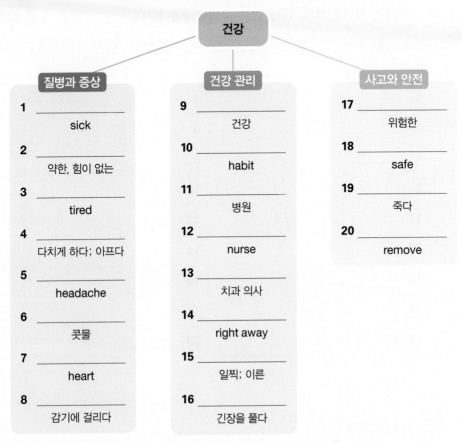

건강

질병과 증상

1 _____
  sick

2 _____
  약한, 힘이 없는

3 _____
  tired

4 _____
  다치게 하다; 아프다

5 _____
  headache

6 _____
  콧물

7 _____
  heart

8 _____
  감기에 걸리다

건강 관리

9 _____
  건강

10 _____
  habit

11 _____
  병원

12 _____
  nurse

13 _____
  치과 의사

14 _____
  right away

15 _____
  일찍; 이른

16 _____
  긴장을 풀다

사고와 안전

17 _____
  위험한

18 _____
  safe

19 _____
  죽다

20 _____
  remove

B 우리말을 참고하여 문장을 완성하시오. (필요하면 단어 형태를 바꾸시오.)

1 My sister often _____.
  내 여동생은 자주 감기에 걸린다.

2 _____ and try to sleep.
  긴장을 풀고 잠을 자려고 노력하세요.

3 Sleeping well is good for your _____.
  잠을 잘 자는 것이 여러분의 건강에 좋다.

4 He grew too weak and _____.
  그는 너무 약해졌고 사망했다.

5 I _____ my foot while playing soccer.
  나는 축구를 하다가 발을 다쳤다.

Review Test

A 들려주는 영어 단어와 어구를 쓴 후 우리말 뜻을 쓰시오.

영단어	뜻	영단어	뜻
1		**2**	
3		**4**	
5		**6**	
7		**8**	
9		**10**	
11		**12**	
13		**14**	
15		**16**	
17		**18**	
19		**20**	

B 밑줄 친 단어의 반의어(↔)를 골라 쓰시오.

보기	pull	fast	lose	dangerous

1 The baseball team will <u>win</u> the game.　　　　↔ _____

2 <u>Push</u> the door, and it will open.　　　　↔ _____

3 The man moved very <u>slowly</u> to his car.　　　　↔ _____

4 It is not <u>safe</u> to go there alone.　　　　↔ _____

C 다음 영영 풀이에 해당하는 알맞은 단어를 골라 쓰시오.

보기	bounce	hold	wave	knee

1 the middle part of the leg   _____

2 to move your hand to greet someone   _____

3 to have or keep something in your hand(s)   _____

4 to move up or away after hitting the floor   _____

D 다음 그림을 보고, 해당하는 단어와 연결하시오.

1    **2**   **3**   **4**

•   •   •   •

•   •   •   •

tired	tongue	skate	kick

E 다음을 읽고, 빈칸에 들어갈 말을 골라 문장을 완성하시오.

보기	final	hungry	health	catch a cold

1 He was _____ and ate all the cake.

2 I often _____ in winter.

3 I watched the _____ game on TV.

4 Good _____ comes from good food.

PLAN
6

장소와 위치

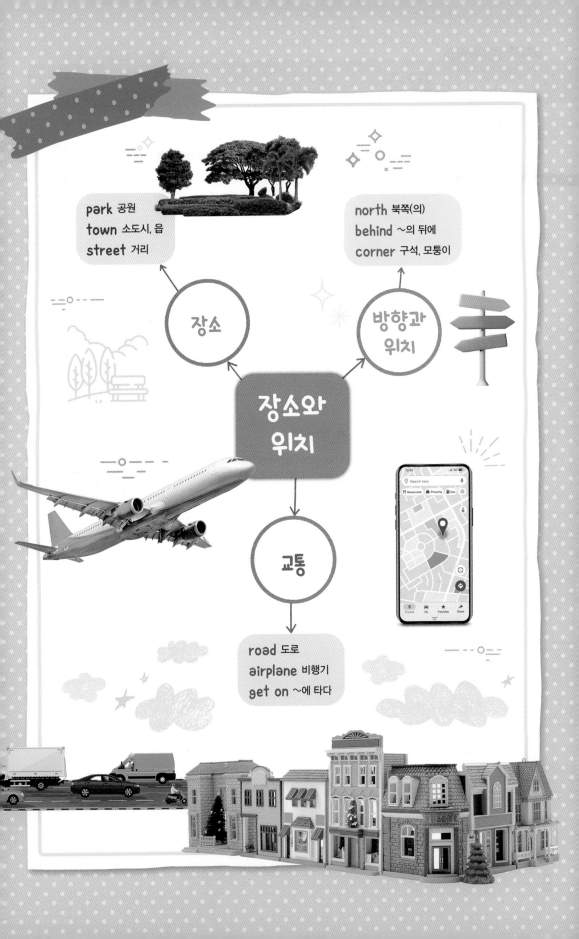

park 공원
town 소도시, 읍
street 거리

north 북쪽(의)
behind ~의 뒤에
corner 구석, 모퉁이

장소

방향과
위치

장소와
위치

교통

road 도로
airplane 비행기
get on ~에 타다

MP3 듣기

---

381 • place

[pleis]

ⓝ 장소, 곳

My house is my favorite **place**.
우리 집은 내가 가장 좋아하는 **장소**이다.

✤ 다양한 장소

382 • bank

[bæŋk]

ⓝ 은행

Where can I find a **bank**?
은행이 어디에 있죠?

---

383 • post office

[poust ɔ́:fis]

ⓝ 우체국

The **post office** opens at 9:00 a.m.
우체국은 오전 9시에 문을 연다.

---

384 • mall

[mɔːl]

ⓝ 쇼핑센터, 쇼핑몰

I need some shoes. Let's go to the **mall**.
나는 신발이 좀 필요해. **쇼핑몰**에 가자.

🔎 a large building with many different stores
(많은 다양한 상점이 있는 큰 건물)

---

385 • zoo

[zuː]

ⓝ 동물원

Children like to go to the **zoo**.
아이들은 **동물원**에 가는 것을 좋아한다.

---

386 • park

[pɑːrk]

ⓝ 공원 ⓥ 주차하다

My family enjoys walking in the **park**.
우리 가족은 **공원**에서 걷는 것을 즐긴다.

You can only **park** here.
여기에만 **주차할** 수 있습니다.

387 • bookstore
[búkstɔ̀:r]

ⓝ 서점

The **bookstore** is on the third floor of the mall.
서점은 쇼핑몰의 3층에 있다.

388 • tower
[táuər]

ⓝ 탑

You can see the city from the **tower**.
탑에서 도시를 볼 수 있다.

✤ 동네와 주변

389 • town
[taun]

ⓝ 소도시, 읍

I lived in a **town** near Busan.
나는 부산 근처의 **소도시**에 살았다.

390 • hometown
[hóumtàun]

ⓝ 고향

My dad's **hometown** is on Jeju Island.
아빠의 **고향**은 제주도이다.

💬 the place where a person was born (태어난 곳)

391 • apartment
[əpá:rtmənt]

ⓝ 아파트

The **apartment** has two bedrooms.
그 **아파트**는 침실이 두 개다.

392 • bakery
[béikəri]

ⓝ 제과점, 빵집

I buy baguettes at the **bakery**.
나는 그 **빵집**에서 바게트 빵을 산다.

✚ bake ⓥ 굽다 | baker ⓝ 제빵사

393 • market
[má:rkit]

ⓝ 시장

Grandma enjoys shopping at the **market**.
할머니는 **시장**에서 장보는 것을 즐기신다.

394 · change
[tʃeindʒ]

ⓥ 1 변하다 2 바꾸다

My town has **changed** a lot.
우리 마을은 많이 **변했다**.

I'd like to **change** this sweater for a bigger one.
저는 이 스웨터를 더 큰 것으로 **바꾸고** 싶어요.

---

395 · on one's way to

~로 가는 중[길]에

I'm **on my way to** the bookstore.
나는 서점**에 가는 중**이다.

✤ 거리

396 · street
[striːt]

ⓝ 거리, 도로

There are many shops along the **street**.
거리를 따라 많은 상점이 있다.

---

397 · cross
[krɔːs]

ⓥ 건너다, 가로지르다

Be careful when you **cross** the street.
길을 **건널** 때는 조심해라.

📖 to go from one side of something to the other side
(무언가의 한쪽에서 다른 쪽으로 가다)

---

398 · dirty
[dáːrti]

ⓐ 더러운 ↔ clean 깨끗한

The streets were **dirty** after the festival.
축제 후에 거리가 **더러웠다**.

---

399 · noisy
[nɔ́izi]

ⓐ 시끄러운 ↔ quiet 조용한

The birds were **noisy** in the morning.
새들이 아침에 **시끄러웠다**.

✤ noise ⓝ 소음

---

400 · crowded
[kráudid]

ⓐ 붐비는

The market was **crowded** with people.
시장이 사람들로 **붐볐다**.

📖 full of too many people (너무 많은 사람으로 가득 찬)

✤ crowd ⓝ 군중

Daily Check-up

A 빈칸에 알맞은 우리말 뜻 또는 영어를 써넣어 워드맵을 완성하시오.

1 _____ 장소, 곳

다양한 장소

2 _____ bank

3 _____ 우체국

4 _____ zoo

5 _____ 공원; 주차하다

6 _____ mall

7 _____ 탑

8 _____ bookstore

동네와 주변

9 _____ town

10 _____ 고향

11 _____ bakery

12 _____ 아파트

13 _____ market

14 _____ 변하다; 바꾸다

15 _____ ~로 가는 중에

거리

16 _____ 거리, 도로

17 _____ dirty

18 _____ 시끄러운

19 _____ cross

20 _____ 붐비는

B 우리말을 참고하여 문장을 완성하시오. (필요하면 단어 형태를 바꾸시오.)

1 The _____ opens at 9:00 a.m.
우체국은 오전 9시에 문을 연다.

2 You can only _____ here.
여기에만 주차할 수 있습니다.

3 My town has _____ a lot.
우리 마을은 많이 변했다.

4 There are many shops along the _____.
거리를 따라 많은 상점이 있다.

5 The market was _____ with people.
시장이 사람들로 붐볐다.

MP3 듣기

✤ 방향

401 • east
[iːst]

ⓝ 동쪽 ⓐ 동쪽의
The sun rises in the **east**.
해는 **동쪽**에서 뜬다.
East Asia 동아시아

402 • west
[west]

ⓝ 서쪽 ⓐ 서쪽의
The zoo is in the **west**.
동물원은 **서쪽**에 있다.
west wind 서풍

403 • south
[sauθ]

ⓝ 남쪽 ⓐ 남쪽의
In winter, the birds fly to the **south**.
겨울에 그 새들은 **남쪽**으로 날아간다.
a **south** gate 남문

404 • north
[nɔːrθ]

ⓝ 북쪽 ⓐ 북쪽의
The cold wind is coming from the **north**.
북쪽으로부터 찬바람이 오고 있다.
North America 북아메리카(북미)

405 • right
[rait]

ⓐ 1 옳은; 맞는 2 오른쪽의 ⓐⓓ 오른쪽으로
You're **right**. 네 말이 **맞아**.
The mall is on the **right** side.
쇼핑몰은 **오른**편에 있어요.
Please turn **right**. **오른쪽으로** 도세요.

406 • left
[left]

ⓐ 왼쪽의 ⓐⓓ 왼쪽으로
My **left** arm hurts. 내 **왼쪽** 팔이 아프다.
Move your desk **left**.
책상을 **왼쪽으로** 옮기세요.

✦ 위치 1

---

407 • under
[ʌ́ndər]

prep ~ 아래에, ~의 바로 밑에　↔over ~의 위에

The cat is **under** the table.
고양이가 탁자 **아래에** 있다.

---

408 • in front of

~ 앞에

She was standing **in front of** the door.
그녀는 문 **앞에** 서 있었다.

✦ front ⓝ 앞쪽; 앞면

---

409 • behind
[biháind]

prep ~의 뒤에　↔in front of

Put the box **behind** the curtain.
그 상자를 커튼 **뒤에** 두세요.

🔁 at the back (of)

---

410 • between
[bitwíːn]

prep 사이에

The bookstore is **between** the bank and the park.
그 서점은 은행과 공원 **사이에** 있다.

---

411 • among
[əmʌ́ŋ]

prep ~의 사이에(서), (여럿) 중에서

The children played **among** the trees.
아이들이 나무 **사이에서** 놀았다.

★ between은 주로 두 사람/사물 사이, among은 셋 이상일 때 쓴다.
단, 대상이 분명하게 분리될 때는 셋 이상이라도 between을 쓸 수 있고,
among은 대상이 단체나 전체를 나타낼 때 쓴다.

---

412 • next to

prep ~ 바로 옆에

The bakery is **next to** the bank.
그 제과점은 은행 **바로 옆에** 있다.

---

413 • around
[əráund]

prep ~ 주위에, 빙 둘러

He built a fence **around** his garden.
그는 자신의 정원 **주위에** 담장을 세웠다.

walk **around** the park　공원을 **빙 둘러** 걷다

414 • **along**
[əlɔ́ŋ]

prep ~을 따라

She walked **along** the fence.
그녀는 담장을 **따라** 걸었다.

✤ 거리와 위치 2

415 • **near**
[niər]

prep ~에서 가까이 **a** 가까운 **ad** 가까이

My school is **near** the library.
우리 학교는 도서관에 **가까이** 있다.

Where is the **nearest** hospital?
가장 **가까운** 병원이 어디인가요?

416 • **far**
[fɑ:r]

ad 멀리; 떨어져 **a** 먼, 멀리 있는

The family lives **far** from the city.
그 가족은 도시에서 **떨어져** 산다.

The mall is too **far** to walk to.
그 쇼핑센터는 걸어가기에 너무 **멀다**.

417 • **top**
[tɑp]

n 꼭대기, 맨 위

The roof is on the **top** of the house.
지붕은 집 **꼭대기**에 있다.

418 • **bottom**
[bá:təm]

n 맨 아래; 바닥 **↔** top

Write your name at the **bottom**.
맨 아래에 이름을 쓰시오.

the **bottom** of the lake 호수 **바닥**

📖 the lowest part of something (무언가의 가장 낮은 부분)

419 • **corner**
[kɔ́:rnər]

n 구석, 모퉁이

Turn left at the **corner**.
모퉁이에서 왼쪽으로 도세요.

420 • **inside**
[ìnsáid]

prep ~의 안에 **n** 내부 **ad** 안에 **↔** outside ~의 바깥에; 외부

What is **inside** the box? 그 상자 **안에** 뭐가 있니?

the **inside** of a building 건물의 **내부**

Daily Check-up

A 빈칸에 알맞은 우리말 뜻 또는 영어를 써넣어 워드맵을 완성하시오.

방향과 위치

방향

1 _____
동쪽; 동쪽의

2 _____
west

3 _____
남쪽; 남쪽의

4 _____
north

5 _____
오른쪽의[으로]

6 _____
left

위치 1

7 _____
under

8 _____
~ 앞에

9 _____
behind

10 _____
사이에

11 _____
among

12 _____
~ 바로 옆에

13 _____
around

14 _____
~을 따라

거리와 위치 2

15 _____
near

16 _____
멀리; 먼

17 _____
top

18 _____
맨 아래; 바닥

19 _____
corner

20 _____
~의 안에; 내부

B 우리말을 참고하여 문장을 완성하시오. (필요하면 단어 형태를 바꾸시오.)

1 The sun rises in the _____.
해는 동쪽에서 뜬다.

2 My _____ arm hurts.
내 왼쪽 팔이 아프다.

3 She was standing _____ the door.
그녀는 문 앞에 서 있었다.

4 He built a fence _____ his garden.
그는 자신의 정원 주위에 담장을 세웠다.

5 Write your name at the _____.
맨 아래에 이름을 쓰시오.

MP3 듣기

✤ 도로

421 • road
[roud]

ⓝ 도로, 길

The **road** is full of cars.
도로는 차들로 가득 차 있다.

422 • bridge
[bridʒ]

ⓝ 다리, 교량

Cross the **bridge** to get there.
거기에 도착하려면 **다리**를 건너세요.

423 • tunnel
[tʌnl]

ⓝ 터널

The **tunnel** is under the mountain.
그 **터널**은 산 아래에 있다.

424 • sign
[sain]

ⓝ 표지판   ⓥ 서명하다

The road **sign** says the zoo is to the right.
도로 **표지판**에 동물원은 오른쪽이라고 써 있다.

Please **sign** here at the bottom.
여기 맨 아래에 **서명하세요**.

425 • stop
[staːp]

ⓥ 멈추다, 정지하다   ⓝ 1 멈춤   2 정류장

Cars must **stop** at the red light.
자동차는 빨간불에 **멈춰야** 한다.

Where is the bus **stop**?
버스**정류장**이 어디에 있죠?

✤ 교통수단

426 • train
[trein]

ⓝ 기차, 열차

I took a **train** to Rome.
나는 로마행 **기차**를 탔다.

427 • **airplane**
[éərplèin]

ⓝ 비행기

Airplanes are much faster than trains.
비행기는 기차보다 훨씬 더 빠르다.

428 • **subway**
[sʌ́bwei]

ⓝ 지하철

Many people go to work by **subway**.
많은 사람이 **지하철**로 출근한다.

429 • **boat**
[bout]

ⓝ (작은) 배, 보트

We used a **boat** to cross the river.
우리는 강을 건너기 위해 **배**를 이용했다.

430 • **bike**
[baik]

ⓝ 자전거

I go to school by **bike**.
나는 **자전거**를 타고 등교한다.

★ by + 교통수단(~로, ~을 타고): by bus/train/taxi 등

431 • **motorcycle**
[móutərsàikl]

ⓝ 오토바이

A **motorcycle** has two wheels.
오토바이는 바퀴가 두 개다.

★ 영국 영어에서는 오토바이를 motorbike라고 한다.

432 • **seat**
[si:t]

ⓝ 좌석, 자리

The kids are sitting in the back **seat** of the car.
아이들이 차의 뒷**좌석**에 앉아 있다.

Please take a **seat**. **자리**에 앉아 주세요.

영영 a place where you sit

✤ 교통 이용

433 • **station**
[stéiʃən]

ⓝ 정거장, 역

We're going to the train **station**.
우리는 기차**역**으로 가고 있다.

영영 a place where buses or trains stop
(버스나 기차가 정차하는 곳)

434 • airport
[éərpɔ̀:rt]

ⓝ 공항

I arrived at the **airport** early.
나는 **공항**에 일찍 도착했다.

---

435 • drive
[draiv]
drive-drove-driven

ⓥ 운전하다

While **driving**, do not use your phone.
운전하는 동안에는 전화기를 사용하지 마시오.

---

436 • ride
[raid]
ride-rode-ridden

ⓥ 타다   ⓝ 타기

People are **riding** bikes in the park.
사람들이 공원에서 자전거를 **타고** 있다.

He gave me a **ride** to the station.
그는 나를 역까지 **태워** 주었다.

🔄 give ~ a ride: ~를 차로 태워다 주다

⭐ ride + 이동수단: ride a bike/horse/motorcycle/bus

---

437 • get on

～에 타다, 승차하다

I **got on** the train at Seoul Station.
나는 서울역에서 기차를 **탔다**.

⭐ get on a boat/bus/train (몸을 숙이지 않고 올라타는 수단)
cf. get in a car/taxi (몸을 숙여 타는 수단)

---

438 • get off

～에서 내리다, 하차하다

Get off the bus at the next stop.
다음 정류장에서 버스에서 **내리세요**.

---

439 • pick up

～를 (차에) 태우러 가다[태우다]

I have to **pick up** my son from school.
나는 학교에서 아들을 **차로 데려와야** 한다.

---

440 • on foot

걸어서, 도보로

It takes an hour to get there **on foot**.
그곳에 가는 데 **걸어서** 1시간이 걸린다.

Daily Check-up

A 빈칸에 알맞은 우리말 뜻 또는 영어를 써넣어 워드맵을 완성하시오.

교통

도로

1 _____
　도로, 길
2 _____
　bridge
3 _____
　터널
4 _____
　sign
5 _____
　멈추다; 정류장

교통수단

6 _____
　기차, 열차
7 _____
　airplane
8 _____
　지하철
9 _____
　(작은) 배, 보트
10 _____
　bike
11 _____
　오토바이
12 _____
　seat

교통 이용

13 _____
　공항
14 _____
　station
15 _____
　drive
16 _____
　타다; 타기
17 _____
　get on
18 _____
　~에서 내리다
19 _____
　pick up
20 _____
　걸어서

B 우리말을 참고하여 문장을 완성하시오. (필요하면 단어 형태를 바꾸시오.)

1 The _____ is full of cars.
도로는 차들로 가득 차 있다.

2 Many people go to work by _____.
많은 사람이 지하철로 출근한다.

3 People are _____ bikes in the park.
사람들이 공원에서 자전거를 타고 있다.

4 It takes an hour to get there _____.
그곳에 가는 데 걸어서 1시간이 걸린다.

5 The road _____ says the zoo is to the right.
도로 표지판에 동물원은 오른쪽이라고 써 있다.

Review Test

A 들려주는 영어 단어와 어구를 쓴 후 우리말 뜻을 쓰시오.

영단어	뜻	영단어	뜻
1		2	
3		4	
5		6	
7		8	
9		10	
11		12	
13		14	
15		16	
17		18	
19		20	

B 밑줄 친 단어의 반의어(↔)를 골라 쓰시오.

보기	dirty	north	top	behind

1 The tower is in the <u>south</u>.   ↔ _____

2 Her dog is sitting <u>in front of</u> her.   ↔ _____

3 The <u>clean</u> plates were on the table.   ↔ _____

4 Write your name at the <u>bottom</u> of the notebook.   ↔ _____

C 다음 영영 풀이에 해당하는 알맞은 단어를 골라 쓰시오.

| 보기 | crowded | station | seat | hometown |

1 full of too many people _____

2 a place where you sit _____

3 the place where a person was born _____

4 a place where buses or trains stop _____

D 다음 그림을 보고, 해당하는 단어와 연결하시오.

1 **2**  **3**  **4**

subway · zoo · bridge · corner

E 다음을 읽고, 빈칸에 들어갈 말을 골라 문장을 완성하시오.

| 보기 | between | pick up | motorcycle | cross |

1 You can _____ the river by boat.

2 There is a river _____ the two towns.

3 It's dangerous to ride a _____ in the rain.

4 I'll _____ Jeremy at the station at two.

✿ 예문에서 뽑은 최중요 핵심 표현

핵심 표현 다시 점검하며 빈칸 완성해 보기

1 wake up   (잠에서) 깨다, 일어나다

I _____ at 6:30 every morning.
나는 매일 아침 6시 30분에 **잠에서 깬다.**

2 stand up   (자리에서) 일어서다

Everyone _____.
모든 사람들이 **일어섰다.**

3 sit down   (자리에) 앉다

The family _____ around the table.
그 가족은 식탁에 둘러 **앉았다.**

4 win / lose a game   경기에 이기다/지다

The team will _____ easily.
그 팀은 **그 경기에** 쉽게 **이길** 것이다.

5 make it to   ~에 이르다

We _____ the finals.
우리는 결승전에 **진출했다.**

6 have a runny nose   콧물이 나다

I have _____.
나는 **콧물이** 난다.

7 take care of   ~를 보살피다[돌보다]

Nurses _____ sick people.
간호사들은 아픈 사람들을 **보살핀다.**

8 **be crowded with** ~로 붐비다

The market was _____ people.
시장이 사람들로 **붐볐다**.

9 **too A to B** B하기에 너무 A하다

The mall is _____ walk to.
그 쇼핑센터는 걸어가기**에 너무 멀다**.

10 **give A a ride** A를 차로 태워다 주다

He _____ me _____ to the station.
그는 나를 역까지 **태워다 주었다**.

✿ 발음이나 철자가 유사한 혼동어

314 **hear** [hiər] ⓥ 듣다, 들리다 | **here** [hiər] @d 여기에

★ 두 단어는 발음은 동일하지만 철자와 뜻이 다르다.

326 **sit** [sit] ⓥ 앉다; 앉아 있다 | 432 **seat** [si:t] ⓝ 좌석, 자리

★ 뜻이 서로 연관된 두 단어는 발음은 거의 같지만 철자가 다르다.

364 **hurt** [hə:rt] ⓥ 다치게 하다; 아프다 | 368 **heart** [hɑ:rt] ⓝ 심장

★ 비슷해 보이는 두 단어의 철자, 발음, 뜻 차이에 유의하자.

397 **cross** [krɔ:s] ⓥ 건너다 | 212 **close** [klous] @ 가까운; 친한 [klouz] ⓥ 닫다

★ 비슷해 보이는 두 단어의 철자, 발음, 뜻 차이에 유의하자.

정답 **1** wake up **2** stood up **3** sat down **4** win the game **5** made it to **6** a runny nose
7 take care of **8** crowded with **9** too far to **10** gave, a ride

PLAN

7

사물 · 시간

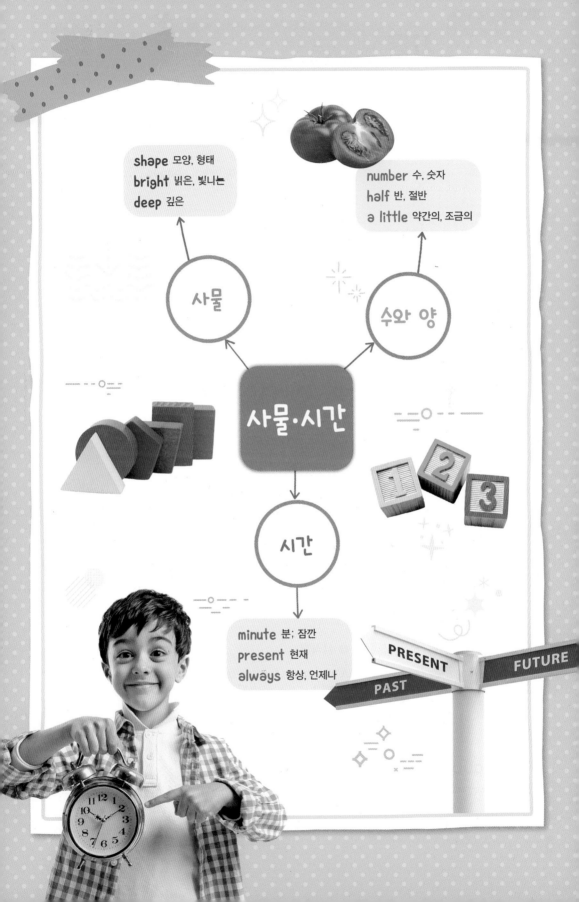

shape 모양, 형태
bright 밝은, 빛나는
deep 깊은

number 수, 숫자
half 반, 절반
a little 약간의, 조금의

사물

수와 양

사물·시간

시간

minute 분; 잠깐
present 현재
always 항상, 언제나

PRESENT
FUTURE
PAST

MP3 듣기

❖ 형태

441 • **shape**
[ʃeip]

ⓝ 모양, 형태

Cookies have many different **shapes**.
쿠키는 많은 다양한 **모양**이 있다.

442 • **form**
[fɔ:rm]

ⓝ 형태, 모양 ᐱ shape **ⓥ 형성하다, ~로 만들다**

Mom made a cake in the **form** of a star.
엄마는 케이크를 별 **모양**으로 만드셨다.

Two or more people **form** a team.
두 명 이상의 사람이 팀을 **형성한다**.

443 • **dot**
[da:t]

ⓝ 점

Graphs are made with **dots** and lines.
그래프는 **점**과 선으로 만들어진다.

444 • **circle**
[sə́:rkl]

ⓝ 원

Form a **circle** to start the game.
게임을 시작하도록 **원**을 만드세요.

445 • **triangle**
[tráiæ̀ŋgl]

ⓝ 삼각형

A **triangle** is formed by three lines.
삼각형은 세 개의 선으로 만들어진다.

446 • **square**
[skweər]

ⓝ 정사각형

The box is **square** in shape.
상자는 모양이 **정사각형**이다.

★ 기타 모양: rectangle 직사각형, diamond 마름모, oval 타원형

✤ 색과 명암

447 • color
[kʌ́lər]

ⓝ 색, 색깔

Everything around us has **colors**.
우리 주변의 모든 것은 **색**이 있다.

448 • colorful
[kʌ́lərfəl]

ⓐ 색채가 풍부한, 다채로운

The flowers are very **colorful**.
그 꽃들은 아주 **알록달록**하다.

449 • dark
[dá:rk]

ⓐ 어두운; 짙은

It's **dark** outside.　밖이 **어둡다**.
Black and purple are **dark** colors.
검정과 보라는 **어두운** 색이다.

450 • bright
[brait]

ⓐ 1 밝은, 빛나는　↔ dark　**2 (색이) 선명한**

a **bright** day　화창한 날
The baby had a **bright** smile.
아기는 **밝은** 미소를 하고 있었다.
bright yellow T-shirt　샛노란 티셔츠

🔒 1 filled with light; shining (빛으로 가득찬; 빛나는)

✤ 길이·높이·크기

451 • long
[lɔ:ŋ]

ⓐ 긴

My sister has **long** hair.　내 언니는 머리가 **길다**.
wait for a **long** time　오랫동안 기다리다

452 • short
[ʃɔ:rt]

ⓐ 1 짧은　↔ long　**2 키가 작은**　↔ tall

The dog has **short** legs.
그 개는 다리가 **짧다**.

453 • high
[hai]

ⓐ 높은　**ⓐⓓ 높이**

The fence around the house is very **high**.
그 집을 둘러싼 담장이 매우 **높다**.
Throw the ball **high**.　공을 **높이** 던지렴.

454 • **low**
[lou]

ⓐ 낮은　ⓐⓓ 낮게　↔ high

This desk is too **low** for me.
이 책상은 내게 너무 **낮다**.

fly **low** 낮게 비행하다

🔊 ⓐ close to the ground; not high (바닥에 가깝게, 높지 않게)

---

455 • **large**
[lɑ:rdʒ]

ⓐ 큰, 커다란　↔ small 작은

New York is a **large** city in America.
뉴욕은 미국에서 **큰** 도시이다.

🔊 big in size or amount (크기나 양이 큰)

✣ 상태

456 • **soft**
[sɔ:ft]

ⓐ 부드러운, 연한　↔ hard 단단한, 딱딱한

Babies have **soft** skin.
아기들의 피부는 **부드럽다**.

---

457 • **sharp**
[ʃɑ:rp]

ⓐ 날카로운; 뾰족한

Be careful. The knife is very **sharp**.
조심해. 칼이 매우 **날카로워**.

---

458 • **deep**
[di:p]

ⓐ 깊은　ⓐⓓ 깊이, 깊게

These fish live in the **deep** sea.
이 물고기들은 **깊은** 바다에 산다.

go **deep** into the jungle 정글 속으로 **깊이** 들어가다

---

459 • **wet**
[wet]

ⓐ 젖은

The road is still **wet** after the rain.
비가 온 후 도로는 여전히 **젖어** 있다.

🔊 covered with water; not dry (물로 덮인; 마르지 않은)

---

460 • **dry**
[drai]

ⓐ 마른, 건조한　↔ wet　ⓥ 말리다; 마르다

Keep the towel **dry**.
수건을 **마른** 상태로 유지해라.

Did you **dry** your hair? 네 머리를 **말렸니**?

Daily Check-up

A 빈칸에 알맞은 우리말 뜻 또는 영어 단어를 써넣어 워드맵을 완성하시오.

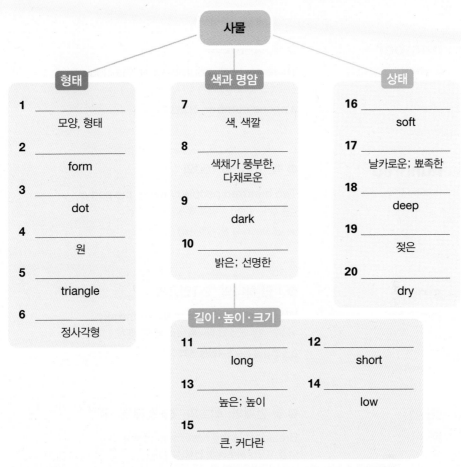

사물

형태

1 _____ 모양, 형태

2 _____ form

3 _____ dot

4 _____ 원

5 _____ triangle

6 _____ 정사각형

색과 명암

7 _____ 색, 색깔

8 _____ 색채가 풍부한, 다채로운

9 _____ dark

10 _____ 밝은; 선명한

길이·높이·크기

11 _____ long

12 _____ short

13 _____ 높은; 높이

14 _____ low

15 _____ 큰, 커다란

상태

16 _____ soft

17 _____ 날카로운; 뾰족한

18 _____ deep

19 _____ 젖은

20 _____ dry

B 우리말을 참고하여 문장을 완성하시오. (필요하면 단어 형태를 바꾸시오.)

1 Cookies have many different s_____.
쿠키는 많은 다양한 모양이 있다.

2 The baby had a _____ smile.
아기는 밝은 미소를 하고 있었다.

3 This desk is too _____ for me.
이 책상은 내게 너무 낮다.

4 Be careful. The knife is very _____.
조심해. 칼이 매우 날카로워.

5 The road is still _____ after the rain.
비가 온 후 도로는 여전히 젖어 있다.

MP3 듣기

✤ 수

---

461 • **number**
[nʌ́mbər]

ⓝ 수, 숫자; 번호

There are twelve **numbers** on the clock.
시계에는 12개의 **숫자**가 있다.

a phone **number** 전화**번호**

---

462 • **hundred**
[hʌ́ndrəd]

ⓝ 백, 100　ⓐ 100의

Two **hundred** people came to the party.
2**백** 명의 사람이 파티에 왔다.

★ cf. thousand 천, 1,000(의)

---

463 • **single**
[síŋgl]

ⓐ 1 단 하나의　2 1인용의

We can see a **single** moon in the sky.
우리는 하늘에서 **단 하나의** 달을 볼 수 있다.

a **single** bed 1인용 침대

---

464 • **first**
[fə:rst]

ⓐ 첫 번째의; 최초의　ⓐd 첫째로; 우선

Breakfast is the **first** meal of the day.
아침 식사는 하루의 **첫 번째** 식사이다.

Do your homework **first**. 우선 숙제를 하렴.

🔠 ⓐ coming before all others in time, order, etc.
(시간, 순서 등에서 다른 모든 것보다 앞선)

---

465 • **second**
[sékənd]

ⓐ 두 번째의　ⓝ (시간) 초

a **second** chance 두 **번째** 기회
The phone rang for 30 **seconds**.
전화가 30**초**간 울렸다.

---

466 • **third**
[θə:rd]

ⓐ 세 번째의　ⓐd 세 번째로

Chris is the **third** child in his family.
Chris는 그의 가족에서 **세 번째** 자녀이다.

467 • **once**
[wʌns]

ad 한 번

I have been to China **once**.
나는 중국에 **한 번** 가봤다.

468 • **twice**
[twais]

ad 두 번

I watched the movie **twice**.
나는 그 영화를 **두 번** 봤다.

✤ 전체와 일부

469 • **all**
[ɔːl]

a 모든   **pron** 모두

We finished **all** of the work.
우리는 **모든** 일을 끝냈다.

All of the lights were turned off.
모든 전등이 꺼져 있었다.

470 • **half**
[hæf]

n 반, 절반

An hour and a **half** has passed.
한 시간 **반**이 지났다.

471 • **both**
[bouθ]

a 둘 다의   **pron** 둘 다

Both cats are cute. 두 고양이 **다** 귀엽다.

Both are from London. **둘 다** 런던 출신이다.

📖 two people or things together (두 사람 또는 사물 모두)

472 • **each**
[iːtʃ]

a 각각의, 각자의   **pron** 각각, 각자

He gave **each** child a toy.
그는 **각** 아이에게 장난감을 주었다.

Each of us has a different plan.
우리 **각자**는 다른 계획이 있다.

473 • **some**
[sʌm]

a 몇몇의, 약간의   **pron** 몇몇; 일부

Some students are good at math.
몇몇 학생들은 수학을 잘한다.

I read **some** of the books.
나는 그 책들 중 **일부**를 읽었다.

474 • **part**
[pɑːrt]

ⓝ 1 일부, 약간 2 부분 ↔ whole 전체; 전체의

Part of the mall is closed.
쇼핑몰의 **일부**가 문을 닫았다.

It is my favorite **part** of the book.
그것이 내가 그 책의 가장 좋아하는 **부분**이다.

475 • **cut**
[kʌt]
cut-cut-cut

ⓥ 베다; 자르다

I **cut** the paper into four squares.
나는 종이를 4개의 정사각형으로 **잘랐다**.

♣ 많고 적음

476 • **many**
[méni]

ⓐ (수가) 많은 **pron** 다수

Many children are playing on the playground.
많은 아이들이 운동장에서 놀고 있다.

Many of us liked the idea.
우리 중 **다수**는 그 생각을 마음에 들어 했다.

477 • **much**
[mʌtʃ]

ⓐ (양이) 많은 **pron** 다량, 많음 **ad** 매우

Do not drink too **much** coffee.
너무 **많은** 커피를 마시지 마라.

We enjoyed the concert very **much**.
우리는 그 공연을 **매우** 즐겼다.

478 • **a few**

(수가) 약간의, 몇몇의

A few fish are swimming in the water.
물고기 **몇** 마리가 물속에서 헤엄치고 있다.

479 • **a little**

(양이) 약간의, 조금의

There is **a little** water in the bottle.
병에 **약간의** 물이 있다.

480 • **nothing**
[nʌ́θiŋ]

pron 아무것도 ～아니다[없다]

The man had **nothing** to eat.
그 남자는 먹을 것이 **아무것도 없었다**.

📖 not anything; no single thing (아무것도 아닌; 단 하나도 없는)

Daily Check-up

A 빈칸에 알맞은 우리말 뜻 또는 영어를 써넣어 워드맵을 완성하시오.

수와 양

수

1 _____
   수, 숫자; 번호

2 _____
   single

3 _____
   백; 100의

4 _____
   first

5 _____
   두 번째의; 초

6 _____
   세 번째의

7 _____
   once

8 _____
   두 번

전체와 일부

9 _____
   all

10 _____
   반, 절반

11 _____
   both

12 _____
   각각의; 각자

13 _____
   몇몇의; 일부

14 _____
   part

15 _____
   베다; 자르다

많고 적음

16 _____
   (수가) 많은; 다수

17 _____
   (양이) 많은; 매우

18 _____
   a few

19 _____
   a little

20 _____
   아무것도 ~아니다

B 우리말을 참고하여 문장을 완성하시오. (필요하면 단어 형태를 바꾸시오.)

1 There are twelve _____ on the clock.
   시계에는 12개의 숫자가 있다.

2 Breakfast is the _____ meal of the day.
   아침 식사는 하루의 첫 번째 식사이다.

3 An hour and a _____ has passed.
   한 시간 반이 지났다.

4 It is my favorite _____ of the book.
   그것이 내가 그 책의 가장 좋아하는 부분이다.

5 There is _____ water in the bottle.
   병에 약간의 물이 있다.

MP3 듣기

✤ 때와 시간

481 · minute
[mínit]

ⓝ 1 분 2 잠깐

Let's take a ten-**minute** break.
10분 휴식합시다.

Wait a **minute**. **잠깐** 기다려.

---

482 · hour
[auər]

ⓝ 한 시간; 시간

A day is twenty-four **hours**.
하루는 24**시간**이다.

---

483 · date
[deit]

ⓝ 날짜

What is today's **date**? — It's May third.
오늘이 며칠이지? – 5월 3일이야.

---

484 · afternoon
[æ̀ftərnúːn]

ⓝ 오후

this **afternoon** 오늘 **오후**에

I feel tired in the **afternoon**.
나는 **오후**에 피곤함을 느낀다.

★ cf. morning 아침, noon 정오(낮 12시)

---

485 · evening
[íːvniŋ]

ⓝ 저녁

I drink tea in the **evening**.
나는 **저녁**에 차를 마신다.

★ cf. night 밤, midnight 자정(밤 12시)

---

486 · tonight
[tənáit]

ⓐⓓ 오늘 밤에 **ⓝ** 오늘 밤

Our team has a big game **tonight**.
우리 팀은 **오늘 밤에** 큰 경기가 있다.

Tonight will be very cold.
오늘 밤은 매우 추울 거야.

487 • end
[end]

🄝 끝 🅥 끝나다 ⟷ begin 시작하다

the **end** of a story 이야기의 끝
The busy day finally **ended**.
바쁜 하루가 마침내 **끝났다**.

✤ 기간

488 • week
[wi:k]

🄝 주, 일주일

I'm going to Spain for three **weeks**.
나는 3주 동안 스페인에 갈 것이다.

✤ weekend 🄝 주말
★ week는 한 주간 즉 7일 전체와 월~금요일까지의 평일을 둘 다 나타낸다.

489 • month
[mʌnθ]

🄝 달, 월

Which **month** has only 28 days?
어떤 **달**이 28일만 있지?

490 • year
[jiər]

🄝 1 해, 1년 2 나이

I will learn to swim this **year**.
나는 올해 수영을 배울 것이다.

Jessy is 13 **years** old. Jessy는 13살이다.

491 • soon
[su:n]

🄳 곧, 이내

I'll call you back **soon**. 제가 곧 다시 전화할게요.

492 • during
[dúəriŋ]

🄟 ~ 동안[내내]

We chatted **during** lunch.
우리는 점심 식사 **동안** 수다를 떨었다.

✤ 시점

493 • past
[pæst]

🄝 과거 🅐 과거의; 지난

In the **past**, we didn't have smartphones.
과거에 우리는 스마트폰이 없었다.

for the **past** month 지난달 동안

494 · present
[préznt]

ⓝ 1 현재 2 선물 **ⓐ** 현재의, 오늘날의

Enjoy the **present**. 현재를 즐겨라.
a Christmas **present** 크리스마스 선물
at the **present** day 오늘날에는

---

495 · future
[fjúːtʃər]

ⓝ 미래 **ⓐ** 미래의, 향후의

What do you want to be in the **future**?
너는 **미래**에 무엇이 되고 싶니?

What is your **future** plan?
너의 **향후의** 계획은 뭐니?

---

496 · yesterday
[jéstərdei]

ad 어제 **ⓝ** 어제

I went to the dentist **yesterday**. 나는 **어제** 치과에 갔다.
Yesterday was Monday. **어제**는 월요일이었다.

★ cf. today 오늘

---

497 · tomorrow
[təmɑ́ːrou]

ad 내일 **ⓝ** 내일

I think it is going to rain **tomorrow**.
내 생각에 **내일** 비가 올 것 같다.

♣ 빈도

498 · always
[ɔ́ːlweiz]

ad 항상, 언제나

Dad **always** goes to work at 7:00 in the morning.
아빠는 **항상** 아침 7시에 출근하신다.

---

499 · usually
[júːʒuəli]

ad 보통, 대개

I **usually** go to bed at 10:30.
나는 **보통** 10시 30분에 잠자리에 든다.

🔁 most often (아주 자주)

---

500 · often
[ɔ́ːfən]

ad 흔히, 자주

I **often** study in the school library.
나는 **자주** 학교 도서관에서 공부한다.

🔁 many times; frequently (자주)

★ cf. sometimes 때때로

Daily Check-up

A 빈칸에 알맞은 우리말 뜻 또는 영어 단어를 써넣어 워드맵을 완성하시오.

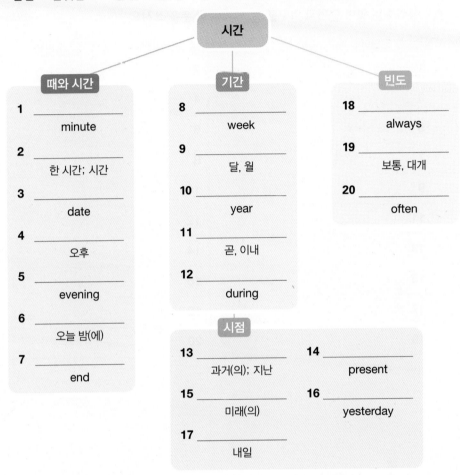

시간

때와 시간

1 _____ minute

2 _____ 한 시간; 시간

3 _____ date

4 _____ 오후

5 _____ evening

6 _____ 오늘 밤(에)

7 _____ end

기간

8 _____ week

9 _____ 달, 월

10 _____ year

11 _____ 곧, 이내

12 _____ during

시점

13 _____ 과거(의); 지난

14 _____ present

15 _____ 미래(의)

16 _____ yesterday

17 _____ 내일

빈도

18 _____ always

19 _____ 보통, 대개

20 _____ often

B 우리말을 참고하여 문장을 완성하시오. (필요하면 단어 형태를 바꾸시오.)

1 Enjoy the _____. 현재를 즐겨라.

2 Which _____ has only 28 days?
어떤 달이 28일만 있지?

3 The busy day finally _____.
바쁜 하루가 마침내 끝났다.

4 I think it is going to rain _____.
내 생각에 내일 비가 올 것 같다.

5 Dad _____ goes to work at 7:00 in the morning.
아빠는 항상 아침 7시에 출근하신다.

A 들려주는 영어 단어와 어구를 쓴 후 우리말 뜻을 쓰시오.

영단어	뜻	영단어	뜻
1		2	
3		4	
5		6	
7		8	
9		10	
11		12	
13		14	
15		16	
17		18	
19		20	

B 밑줄 친 단어의 반의어(↔)를 골라 쓰시오.

보기		hard	short	high	ended

1 The airplane is flying <u>low</u>.   ↔ _____

2 I prefer a <u>soft</u> bed when I sleep.   ↔ _____

3 The class has just <u>begun</u>.   ↔ _____

4 The trees in the garden are <u>tall</u>.   ↔ _____

C 다음 영영 풀이에 해당하는 알맞은 단어를 골라 쓰시오.

보기	both	often	bright	wet

1 filled with light; shining _____

2 covered with water; not dry _____

3 two people or things together _____

4 many times; frequently _____

D 다음 그림을 보고, 해당하는 단어와 연결하시오.

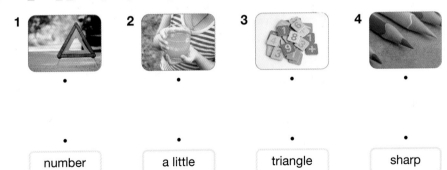

1 • 2 • 3 • 4 •

• • • •

number   a little   triangle   sharp

E 다음을 읽고, 빈칸에 들어갈 말을 골라 문장을 완성하시오.

보기	future	nothing	minutes	part

1 My cat is a _____ of our family.

2 You must solve the problem in 20 _____.

3 In the _____, we could go to Mars.

4 I'm too bored. I have _____ to do.

PLAN
8

특별한 날

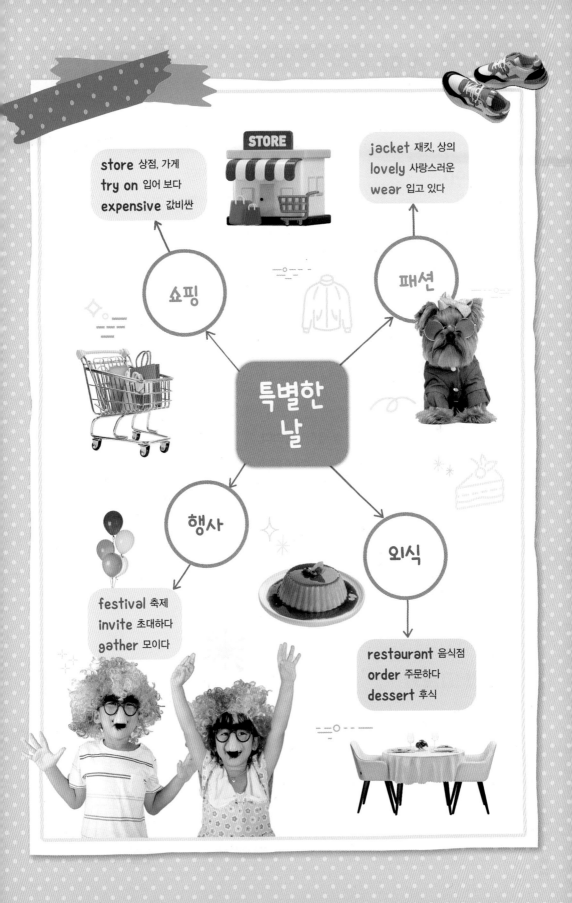

STORE

store 상점, 가게
try on 입어 보다
expensive 값비싼

jacket 재킷, 상의
lovely 사랑스러운
wear 입고 있다

쇼핑

패션

특별한
날

행사

외식

festival 축제
invite 초대하다
gather 모이다

restaurant 음식점
order 주문하다
dessert 후식

MP3 듣기

♣ 상점

501 • shop
[ʃɑ:p]

ⓝ 가게, 상점 ⓥ (물건을) 사다

I'm going to the flower **shop**.
나는 꽃 **가게**에 가는 중이다.

Let's go **shopping** together. 함께 **쇼핑하러** 가자.

502 • store
[stɔ:r]

ⓝ 상점, 가게

a department **store** 백화점

There are many **stores** in the mall.
그 쇼핑센터 안에 많은 **상점**이 있다.

★ shop, store는 바꿔 쓸 수 있지만, shop은 특정 품목(pet shop, flower shop, coffee shop 등)을 파는 전문 상점, store는 다양한 물건을 판매하는 보다 큰 상점과 일반적인 상점에 더 자주 사용된다.

503 • sell
[sel]
sell-sold-sold

ⓥ 팔다; 팔리다

This online store **sells** toys and dolls.
이 온라인 상점은 장난감과 인형을 **판다**.

504 • sale
[seil]

ⓝ 1 판매 2 할인 판매

The new car is now for **sale**.
그 신차는 지금 **판매** 중이다.

Everything is on **sale** for 20% off.
모든 것이 20% **할인 판매** 중이다.

♣ 물건 고르기

505 • look for

~을 찾다[구하다]

I'm **looking for** a bike for my son.
저는 아들에게 줄 자전거를 **찾고 있어요**.

506 • try on

입어[신어] 보다

May I **try on** this sweater?
이 스웨터를 **입어** 봐도 될까요?

507 · used
[ju:zd]

ⓐ 중고의   ↔ new 새, 새로운

The **used** computer works very well.
그 **중고** 컴퓨터는 아주 잘 작동한다.

📖 having already been used (이미 사용된)

---

508 · another
[ənʌ́ðər]

pron 1 또 하나의 것   2 다른 것   ⓐ 1 또 하나의   2 다른

I don't like the color. Show me **another**.
저는 그 색상이 마음에 들지 않아요. **다른 것을** 보여주세요.

eat **another** slice of pizza   피자 **한** 조각을 **더** 먹다

---

509 · anything else

그밖에 다른 것

It's too colorful. Do you have **anything else**?
그것은 너무 화려해요. **그밖에 다른 것은** 없나요?

Anything else? 더 필요한 거 없으세요? (점원이 손님에게)

---

510 · choose
[tʃu:z]
choose-chose-chosen

ⓥ 고르다, 선택하다

It is difficult to **choose** one.
하나를 **고르기가** 어렵다.

---

511 · select
[silékt]

ⓥ 고르다; 선발하다

Select your favorite one.   네가 가장 좋아하는 것을 **고르렴.**
I was **selected** as the project leader.
나는 프로젝트 팀장으로 **선발되었다.**

📖 to carefully choose from a group (무리에서 신중하게 고르다)

♣ 물건 사기

512 · really
[rí:əli]

ⓐ𝐝 정말로; 실제로

Linda **really** loves shopping.
Linda는 **정말** 쇼핑을 좋아한다.

✚ real ⓐ 진짜의; 실제의

---

513 · simple
[símpl]

ⓐ 단순한, 간단한

I chose the **simple** bag.
나는 **단순한** 가방으로 골랐다.

514 • look good on

~에게 잘 어울리다

The hat **looks good on** her.
모자가 그녀에게 잘 어울린다.

515 • buy
[bai]
buy-bought-bought

ⓥ 사다, 구입하다　↔ sell

I **bought** some apples and milk.
나는 사과 몇 개와 우유를 **샀다**.

✤ 물건 가격

516 • price
[prais]

ⓝ 가격, 값

The **price** is too high/low.
가격이 너무 비싸다/싸다.

517 • pay
[pei]
pay-paid-paid

ⓥ 지불하다

You buy things and **pay** for them.
여러분은 물건을 사고 그것에 대해 **지불한다**.

518 • cheap
[tʃiːp]

ⓐ (값이) 싼, 저렴한

This store sells **cheap** and fresh fish.
이 가게는 **저렴하고** 신선한 생선을 판다.

🔤 low in price (가격이 낮은)

519 • expensive
[ikspénsiv]

ⓐ 값비싼　↔ cheap

Do you have another one? It's too **expensive**.
또 다른 거 있나요? 그건 너무 **비싸요**.

520 • coupon
[kúːpʌn]

ⓝ 쿠폰, 할인권

I have a **coupon** for 10% off.
저는 10% 할인 **쿠폰**이 있습니다.

A 빈칸에 알맞은 우리말 뜻 또는 영어를 써넣어 워드맵을 완성하시오.

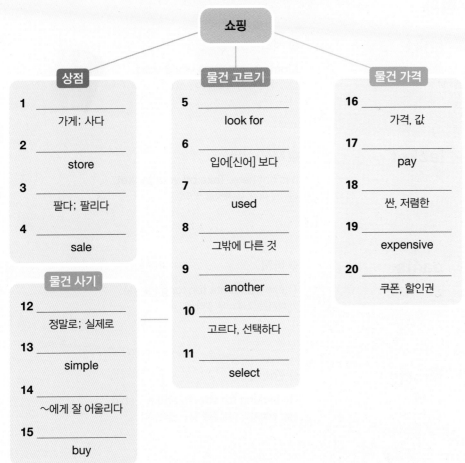

쇼핑

상점
1 _____ 가게; 사다
2 _____ store
3 _____ 팔다; 팔리다
4 _____ sale

물건 사기
12 _____ 정말로; 실제로
13 _____ simple
14 _____ ~에게 잘 어울리다
15 _____ buy

물건 고르기
5 _____ look for
6 _____ 입어[신어] 보다
7 _____ used
8 _____ 그밖에 다른 것
9 _____ another
10 _____ 고르다, 선택하다
11 _____ select

물건 가격
16 _____ 가격, 값
17 _____ pay
18 _____ 싼, 저렴한
19 _____ expensive
20 _____ 쿠폰, 할인권

B 우리말을 참고하여 문장을 완성하시오. (필요하면 단어 형태를 바꾸시오.)

1 It is difficult to c_____ one.
하나를 고르기가 어렵다.

2 May I _____ this sweater?
이 스웨터를 입어 봐도 될까요?

3 The new car is now for _____.
그 신차는 지금 판매 중이다.

4 The hat looks _____ her.
모자가 그녀에게 잘 어울린다.

5 This store sells _____ and fresh fish.
이 가게는 저렴하고 신선한 생선을 판다.

MP3 듣기

✦ 의복

---

521 • **shirt**
[ʃəːrt]

ⓝ 셔츠

Mom bought me a white **shirt**.
엄마가 내게 흰 **셔츠**를 사주셨다.

---

522 • **jacket**
[dʒǽkit]

ⓝ 재킷, 상의

It is hot here. Take off your **jacket**.
여기는 더워. 네 **재킷**을 벗으렴.

---

523 • **pants**
[pænts]

ⓝ 바지

These **pants** are too long for me.
이 **바지**는 내게 너무 길다.

---

524 • **shorts**
[ʃɔːrts]

ⓝ 반바지

I'm looking for **shorts** and a T-shirt.
저는 **반바지**와 티셔츠를 찾고 있습니다.

---

525 • **pair**
[peər]

ⓝ 한 벌; 한 쌍

I'm going to buy a **pair** of pants.
나는 바지 **한 벌**을 살 거야.

🔲 a set of two things used together (두 개가 함께 쓰이는 세트)

★ a pair of(~ 한 쌍[벌])는 두 짝/부분이 한 쌍을 이루는 사물과 함께 쓸 수 있다.
: a pair of shoes/socks/shorts/gloves 등 (신발/양말/반바지/장갑
한 켤레[쌍/벌] 등)

---

526 • **dress**
[dres]

ⓝ 1 드레스, 원피스 2 의복, 옷

Who is the girl in the yellow **dress**?
노란색 **드레스**를 입은 그 여자아이는 누구지?

casual **dress** 평상복

---

527 • skirt
[skəːrt]

ⓝ 치마

I prefer long **skirts** to short ones.
나는 짧은 **치마**보다 긴 **치마**를 선호한다.

♣ 유행

528 • fashion
[fǽʃən]

ⓝ 유행, 패션

Big bags were in **fashion**.
큰 가방이 **유행**이었다.

a **fashion** show 패션쇼

---

529 • design
[dizáin]

ⓝ 디자인 ⓥ 디자인하다, 설계하다

Simple **designs** are popular now.
단순한 **디자인**이 지금 인기이다.

design a new car 신차를 **디자인하다**

---

530 • type
[taip]

ⓝ 유형, 종류

We have many **types** of shoes.
저희는 많은 **종류**의 신발이 있습니다.

---

531 • model
[máːdl]

ⓝ 모형; 모델

I like the old **model** of the mobile phone.
나는 그 휴대폰의 기존 **모델**을 좋아한다.

📖 a particular design or type of something
(무언가의 특정 디자인이나 종류)

---

532 • lovely
[lʌ́vli]

ⓐ 사랑스러운, 귀여운

Little girls usually like **lovely** dresses.
어린 여자아이들은 대개 **귀여운** 드레스를 좋아한다.

---

533 • these days

요즘(에는)

These days, fashion changes quickly.
요즘에는 유행이 빠르게 변한다.

장신구 및 기타

534 **wear**
[weər]
wear-wore-worn

ⓥ 입고[쓰고/신고] 있다

Wear sunglasses when you go out.
외출할 때는 선글라스를 **쓰렴.**

535 **necklace**
[néklis]

ⓝ 목걸이

The cute **necklace** looks good on her.
그 귀여운 **목걸이**가 그녀에게 잘 어울린다.

★ cf. ring 반지

536 **earring**
[íərìŋ]

ⓝ (주로 복수로) 귀고리

The **earrings** are on sale now.
귀고리가 지금 할인 판매 중이다.

537 **glove**
[glʌv]

ⓝ (주로 복수로) 장갑

I wear **gloves** in the winter.
나는 겨울에 **장갑**을 낀다.

538 **sock**
[sɑːk]

ⓝ (주로 복수로) 양말

I like to wear colorful **socks.**
나는 알록달록한 **양말**을 신는 것을 좋아한다.

★ (반)바지, 귀고리, 장갑, 양말 등은 두 짝이 함께 쌍을 이루므로 보통 뒤에 -s를 붙여 복수형으로 쓴다.

539 **pocket**
[pάːkit]

ⓝ 주머니

I put my hands into my **pockets.**
나는 **주머니**에 손을 넣었다.

540 **button**
[bʌ́tn]

ⓝ (옷의) 단추; (기계 작동의) 버튼

There are two **buttons** on the jacket.
그 재킷에는 두 개의 **단추**가 있다.

Press the **button.** **버튼**을 누르세요.

Daily Check-up

A 빈칸에 알맞은 우리말 뜻 또는 영어를 써넣어 워드맵을 완성하시오.

패션

의복

1 _____
셔츠

2 _____
pants

3 _____
재킷, 상의

4 _____
shorts

5 _____
치마

6 _____
원피스; 옷

7 _____
pair

유행

8 _____
유행, 패션

9 _____
디자인; 디자인하다

10 _____
type

11 _____
모형; 모델

12 _____
lovely

13 _____
요즘(에는)

장신구 및 기타

14 _____
입고 있다

15 _____
necklace

16 _____
귀고리

17 _____
sock

18 _____
장갑

19 _____
pocket

20 _____
단추

B 우리말을 참고하여 문장을 완성하시오. (필요하면 단어 형태를 바꾸시오.)

1 Big bags were in _____.
큰 가방이 유행이었다.

2 I prefer long _____ to short ones.
나는 짧은 치마보다 긴 치마를 선호한다.

3 _____, fashion changes quickly.
요즘에는 유행이 빠르게 변한다.

4 _____ sunglasses when you go out.
외출할 때는 선글라스를 쓰렴.

5 I wear _____ in the winter.
나는 겨울에 장갑을 낀다.

MP3 듣기

✤ 다양한 행사

541 • event
[ivént]

ⓝ (중요한) 사건, 행사

We have important family **events** this month.
우리는 이번 달에 중요한 가족 **행사**가 있다.

The Olympics is a major sporting **event**.
올림픽은 주요 스포츠 **행사**이다.

542 • birthday
[bə́:rθdei]

ⓝ 생일

My **birthday** party is this Saturday.
내 **생일** 파티는 이번 주 토요일이다.

✤ birth ⓝ 출생

543 • wedding
[wédiŋ]

ⓝ 결혼(식)

I'm going to my uncle's **wedding** tomorrow.
나는 내일 삼촌 **결혼식**에 갈 예정이다.

544 • special
[spéʃəl]

ⓐ 특별한 ↔ usual 보통의

Today is a **special** day for my family.
오늘은 우리 가족에게 **특별한** 날이다.

🔲 more important than other people or things
(다른 사람이나 다른 것보다 더 중요한)

545 • festival
[féstəvəl]

ⓝ 축제

We have school **festivals** every May.
우리는 매 5월마다 학교 **축제**가 열린다.

546 • parade
[pəréid]

ⓝ 행렬, 퍼레이드, 행진

I watched the **parade** from the street.
나는 거리에서 **퍼레이드**를 봤다.

547 • take place

열리다, 개최되다

Most festivals **take place** once a year.
대부분의 축제는 1년에 한 번 **열린다**.

✤ 행사 준비

548 • invite
[inváit]

ⓥ 초대하다

How many people would you **invite** to your birthday party?
네 생일 파티에 몇 명을 **초대할** 거니?

📖 to ask someone to come to an event
(누군가에게 행사에 오라고 요청하다)

---

549 • card
[kɑ:rd]

ⓝ 카드

I sent birthday party **cards** to my friends.
나는 내 친구들에게 생일 파티 **카드**를 보냈다.

★ cf. credit card 신용카드

---

550 • prepare
[pripéər]

ⓥ 준비하다

He is **preparing** food for the guests.
그는 손님들을 위해 음식을 **준비하고** 있다.

---

551 • ready
[rédi]

ⓐ 준비된

Everything was **ready**, and the party began.
모든 것이 **준비되었고**, 파티가 시작되었다.

---

552 • candle
[kǽndl]

ⓝ (양)초

100 **candles** are on Grandma's birthday cake!
할머니 생신 케이크에 100개의 **초**가 있다!

✤ 행사 즐기기

553 • visit
[vízit]

ⓥ 방문하다

Many people **visited** the town to enjoy the festival.
많은 사람들이 축제를 즐기기 위해 마을을 **방문했다**.

✤ visitor ⓝ 방문객

554 • host
[houst]

ⓝ 주인, 주최자 ↔ guest 손님

The party **host** is greeting the guests.
파티 **주인**이 손님들에게 인사하고 있다.

---

555 • gather
[gǽðər]

ⓥ 모이다, 모으다

Her friends **gathered** for the pajama party.
그녀의 친구들이 파자마 파티를 위해 **모였다**.

★ pajama party: 주로 10대들이 친구 집에 모여 파자마를 입고 밤새워 노는 파티

---

556 • gift
[gift]

ⓝ 선물 ＝ present

We gave him some birthday **gifts**.
우리는 그에게 생일 **선물**을 좀 주었다.

---

557 • fill
[fil]

ⓥ 채우다, 메우다

Many people **filled** the streets.
많은 사람들이 거리를 **메웠다**.

Fill the bottle with water. 병에 물을 **채우세요**.

---

558 • mask
[mæsk]

ⓝ 가면, 마스크

People wear **masks** in the parade.
사람들은 그 행렬에서 **가면**을 쓴다.

---

559 • clap
[klæp]

ⓥ 박수를 치다, 손뼉을 치다

The guests **clapped** loudly for me.
손님들은 나를 위해 크게 **박수를 쳤다**.

---

560 • last
[læst]

ⓥ 계속되다, 지속되다 **ⓐ 마지막의; 지난**

The party **lasted** for two hours.
그 파티는 두 시간 동안 **계속되었다**.

The parade is the **last** event of the festival.
행진은 그 축제의 **마지막** 행사이다.

last month/year 지난 달 / 작년

🔖 ⓐ coming after all others in time (시간상 다른 모든 것들 뒤에 오는)

A 빈칸에 알맞은 우리말 뜻 또는 영어를 써넣어 워드맵을 완성하시오.

행사

다양한 행사

1 _____
사건, 행사

2 _____
birthday

3 _____
특별한

4 _____
wedding

5 _____
행렬, 퍼레이드

6 _____
festival

7 _____
열리다, 개최되다

행사 준비

8 _____
초대하다

9 _____
카드

10 _____
prepare

11 _____
준비된

12 _____
candle

행사 즐기기

13 _____
visit

14 _____
주인, 주최자

15 _____
fill

16 _____
모이다

17 _____
gift

18 _____
가면, 마스크

19 _____
clap

20 _____
계속되다; 마지막의

B 우리말을 참고하여 문장을 완성하시오. (필요하면 단어 형태를 바꾸시오.)

1 Today is a _____ day for my family.
오늘은 우리 가족에게 특별한 날이다.

2 Most festivals _____ once a year.
대부분의 축제는 1년에 한 번 열린다.

3 The parade is the _____ event of the festival.
행진은 그 축제의 마지막 행사이다.

4 Everything was _____, and the party began.
모든 것이 준비되었고, 파티가 시작되었다.

5 How many people would you _____ to your birthday party?
네 생일 파티에 몇 명을 초대할 거니?

MP3 듣기

✤ 식당

561 • restaurant
[réstərənt]

ⓝ 음식점, 식당, 레스토랑
I usually have lunch at the Chinese **restaurant**.
나는 그 중국 **음식점**에서 대개 점심을 먹는다.

562 • eat out

외식하다
My family often **eats out** on the weekend.
우리 가족은 주말에 자주 **외식한다**.

563 • book
[buk]

ⓥ 예약하다 ⓝ 책
Can I **book** a table for dinner tonight?
오늘 밤 저녁식사 테이블을 **예약할** 수 있을까요?
The **book** was very interesting.
그 **책**은 아주 흥미로웠다.

564 • full
[ful]

ⓐ 1 가득 찬 2 배부른 ⟷ hungry 배고픈
All the seats are **full**. 모든 좌석이 **가득 찼다**.
I'm very **full**. 나는 무척 **배가 불러**.

565 • recipe
[résəpì]

ⓝ 요리법, 조리법
The chef has some great **recipes**.
그 주방장은 몇 가지 훌륭한 **요리법**을 가지고 있다.

✤ 주문

566 • order
[ɔ́:rdər]

ⓝ 주문 ⓥ 1 명령하다 2 주문하다
May I take your **order**?
주문을 받아도 될까요?
He **ordered** his dog to sit down.
그는 자신의 개에게 앉으라고 **명령했다**.
order a hamburger 햄버거를 **주문하다**

567 • regular
[régjələr]

ⓐ 1 규칙적인; 정기적인   2 (크기가) 보통의

She is our **regular** customer.
그녀는 우리의 **단골**(정기적으로 오는) 손님이다.

Do you want a small or **regular** size?
작은 크기로 하시겠어요, **보통** 크기로 하시겠어요?

📖 1 doing the same thing often (같은 것을 자주 하는)

568 • waiter
[wéitər]

ⓝ 웨이터, 종업원

The **waiter** was waiting for us to order.
웨이터는 우리가 주문하기를 기다리고 있었다.

📖 the person who brings your food in a restaurant

569 • menu
[ménju:]

ⓝ 메뉴, 차림표

Can I see the **menu**, please?
메뉴 좀 볼 수 있을까요?

570 • serve
[sə:rv]

ⓥ (음식을) 제공하다, 차려 내다

The waiter is **serving** food.
종업원이 음식을 **제공하고** 있다.

➕ service ⓝ 서비스, 봉사

571 • quick
[kwik]

ⓐ 빠른, 신속한   ↔ slow 느린

The service was **quick** and friendly.
서비스가 **빠르고** 친절했다.

572 • bill
[bil]

ⓝ 계산서, 청구서

Can I get the **bill**, please?
계산서 좀 주시겠어요?

✚ 음식

573 • delicious
[dilíʃəs]

ⓐ 아주 맛있는   = tasty

We enjoyed the **delicious** meal.
우리는 **아주 맛있는** 식사를 즐겼다.

574 • dish
[diʃ]

ⓝ 1 접시 2 요리

a clean **dish** 깨끗한 **접시**

Today's main **dish** is beef curry.
오늘의 주**요리**는 소고기 카레이다.

★ cf. side dish (주요리에) 곁들여 나오는 요리, 반찬

---

575 • steak
[steik]

ⓝ 스테이크; 두껍게 썬 고기

How would you like your **steak** done? — Well-done,
please.
스테이크를 어떻게 구워드릴까요? – 바싹 익혀 주세요.

★ 스테이크 굽기 정도: rare(살짝 익혀서), medium(보통으로),
      well-done(바싹 익힌)

---

576 • bread
[bred]

ⓝ 빵, 식빵

Put the jam on your **bread**.
빵에 잼을 바르렴.

---

577 • soup
[su:p]

ⓝ 수프, 국

I had onion **soup** and bread for lunch.
나는 점심 식사로 양파 **수프**와 빵을 먹었다.

---

578 • sauce
[sɔːs]

ⓝ 소스, 양념

What **sauce** do you like with your pasta?
파스타에 어떤 **소스**를 넣는 것을 좋아하세요?

---

579 • tea
[ti:]

ⓝ 차

Would you like coffee or **tea**?
커피를 드시겠어요, **차**를 드시겠어요?

---

580 • dessert
[dizə́:rt]

ⓝ 디저트, 후식

Kelly got some cake for **dessert**.
Kelly는 **후식**으로 케이크를 좀 먹었다.

🔈 sweet food eaten at the end of a meal
   (식사 끝에 먹는 단 음식)

Daily Check-up

A 빈칸에 알맞은 우리말 뜻 또는 영어를 써넣어 워드맵을 완성하시오.

외식

식당

1 _____
eat out

2 _____
음식점, 식당

3 _____
book

4 _____
가득 찬; 배부른

5 _____
recipe

주문

6 _____
주문(하다)

7 _____
regular

8 _____
메뉴, 차림표

9 _____
종업원

10 _____
serve

11 _____
빠른, 신속한

12 _____
bill

음식

13 _____
아주 맛있는

14 _____
dish

15 _____
스테이크

16 _____
소스, 양념

17 _____
soup

18 _____
빵, 식빵

19 _____
tea

20 _____
디저트, 후식

B 우리말을 참고하여 문장을 완성하시오. (필요하면 단어 형태를 바꾸시오.)

1 All the seats are _____.
모든 좌석이 가득 찼다.

2 The service was _____ and friendly.
서비스가 빠르고 친절했다.

3 May I take your _____?
주문을 받아도 될까요?

4 Kelly got some cake for _____.
Kelly는 후식으로 케이크를 좀 먹었다.

5 I usually have lunch at the Chinese _____.
나는 그 중국 음식점에서 대개 점심을 먹는다.

Review Test

A 들려주는 영어 단어와 어구를 쓴 후 우리말 뜻을 쓰시오.

영단어	뜻	영단어	뜻
1		**2**	
3		**4**	
5		**6**	
7		**8**	
9		**10**	
11		**12**	
13		**14**	
15		**16**	
17		**18**	
19		**20**	

B 밑줄 친 단어의 반의어(↔)를 골라 쓰시오.

보기	slow	guest	bought	cheap

1 Some cars are very <u>expensive</u>.   ↔ _____

2 He <u>sold</u> many things today.   ↔ _____

3 The answer was <u>quick</u>.   ↔ _____

4 The <u>host</u> enjoyed the party.   ↔ _____

C 다음 영영 풀이에 해당하는 알맞은 단어를 골라 쓰시오.

보기	select	model	invite	dessert

1 to ask someone to come to an event _____

2 to carefully choose from a group _____

3 a particular design or type of something _____

4 sweet food eaten at the end of a meal _____

D 다음 그림을 보고, 해당하는 단어와 연결하시오.

1   **2**    **3**    **4**

necklace   wedding   gift   pants

E 다음을 읽고, 빈칸에 들어갈 말을 골라 문장을 완성하시오.

보기	price	prepare	recipe	lasts

1 She will _____ lunch today.

2 The _____ of the car is very high.

3 The festival usually _____ for three days.

4 Do you have the _____ for the apple pie?

✿ 예문에서 뽑은 최중요 핵심 표현

핵심 표현 다시 점검하며 빈칸 완성해 보기

1 **for a long time** 오랫동안

I waited for _____.
나는 **오랫동안** 기다렸다.

2 **cut A into B** A를 B로 자르다

I _____ the paper _____ four
squares. 나는 종이를 4개의 정사각형**으로 잘랐다.**

3 **call back** 다시 전화하다

I'll _____ you _____ soon.
제가 곧 **다시 전화할게요.**

4 **in the past/future** 과거에 / 미래에

_____, we didn't have smartphones.
과거에 우리는 스마트폰이 없었다.

5 **go shopping** 쇼핑하러 가다

Let's _____ together.
함께 **쇼핑하러 가자.**

6 **for sale** 판매 중인

The new car is now _____.
그 신차는 지금 **판매 중**이다.

7 **on sale** 할인 판매 중인

Everything is _____ for 20% off.
모든 것이 20% **할인 판매 중**이다.

8 a pair of ～ 한 벌[쌍/켤레]의

I'm going to buy _____ pants.
나는 바지 **한 벌**을 살 거야.

9 be in fashion 유행하고 있다

★ cf. be out of fashion
유행이 지나다

Big bags were _____.
큰 가방이 **유행**이었다.

10 take an order 주문을 받다

May I _____ your _____?
주문을 받아도 될까요?

⚙ 발음이나 철자가 유사한 혼동어

488 **week** [wi:k] ⓝ 주, 일주일 | 362 **weak** [wi:k] ⓐ 약한, 힘이 없는

★ 두 단어의 발음이 동일하고 철자가 유사한 것에 유의하자.

534 **wear** [weər] ⓥ 입고[쓰고/신고] 있다 | **where** [weər] ⓐⓓ 어디에, 어디로

★ 두 단어의 발음은 동일하지만 철자와 뜻이 다르다.

557 **fill** [fil] ⓥ 채우다, 메우다 | 564 **full** [ful] ⓐ 가득 찬; 배부른

★ 뜻이 연관된 두 단어의 모음의 철자 차이와 발음에 유의하자.

559 **clap** [klæp] ⓥ 박수를 치다, 손뼉을 치다 | **crab** [kræb] ⓝ 게

★ 비슷해 보이는 두 단어의 철자, 발음, 뜻 차이에 유의하자.

정답 1 a long time 2 cut, into 3 call, back 4 In the past 5 go shopping 6 for sale
7 on sale 8 a pair of 9 in fashion 10 take, order

PLAN

9

여가와 예술

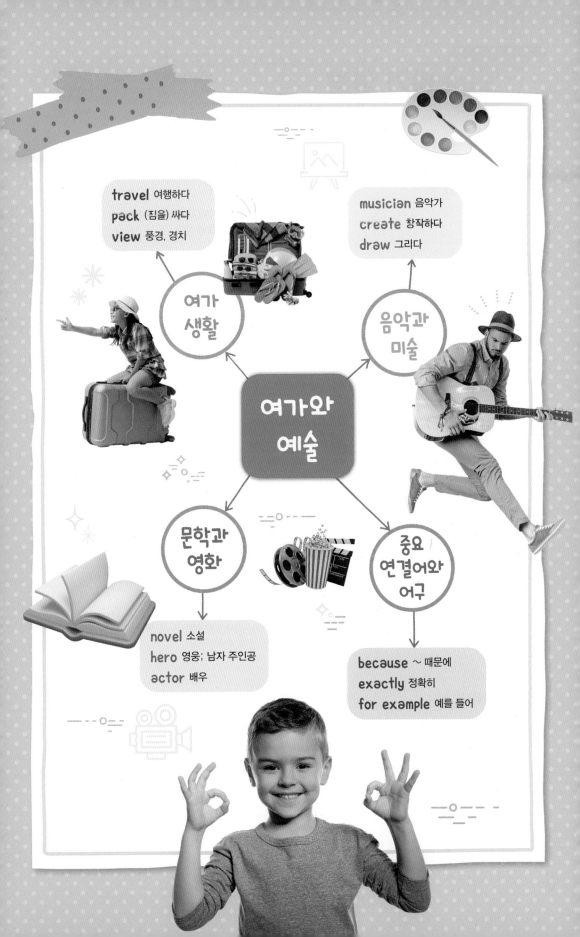

travel 여행하다
pack (짐을) 싸다
view 풍경, 경치

musician 음악가
create 창작하다
draw 그리다

여가
생활

음악과
미술

여가와
예술

문학과
영화

중요
연결어와
어구

novel 소설
hero 영웅; 남자 주인공
actor 배우

because ~ 때문에
exactly 정확히
for example 예를 들어

MP3 듣기

✤ 여행 및 여가

---

581 • **travel**
[trǽvəl]

ⓥ 여행하다[가다] **ⓝ** 여행

My family **traveled** to Mexico last year.
우리 가족은 작년에 멕시코로 **여행**을 갔다.

a **travel** plan **여행** 계획

---

582 • **trip**
[trip]

ⓝ (짧은) 여행

I'm going to take a **trip** to Gyeongju.
나는 경주로 **여행**을 갈 것이다.

school **trip** 수학**여행**

---

583 • **tour**
[tuər]

ⓝ 관광, 여행

We made a city **tour** by bus.
우리는 버스를 타고 시내 **관광**을 했다.

a **tour** guide **여행** 안내원(가이드)

✚ tourist ⓝ 관광객

★ travel: 비교적 긴 여행
trip: 비교적 짧고 목적이 있는 여행
tour: 계획된 일정으로 여러 곳을 다니는 관광

---

584 • **world**
[wə́:rld]

ⓝ 세계; 세상

I want to travel around the **world** in the future.
나는 미래에 **세계** 일주 여행을 하고 싶다.

---

585 • **country**
[kʌ́ntri]

ⓝ 국가, 나라

I have traveled to 10 **countries**.
나는 10개의 **나라**를 여행했다.

---

586 • **camping**
[kǽmpiŋ]

ⓝ 캠핑, 야영

I bought a tent to go **camping**.
나는 **캠핑**을 가기 위해 텐트를 샀다.

🖥 the activity of staying in a tent
(텐트에서 지내는 활동)

587 • fishing
[fíʃiŋ]

ⓝ 낚시

My father often goes **fishing**.
아버지는 자주 **낚시**를 가신다.

✦ 휴가

588 • vacation
[veikéiʃən]

ⓝ 휴가; 방학

Where did you go on your **vacation**?
휴가 때 어디에 갔었나요?

summer **vacation** 여름 **방학**

589 • holiday
[háːlədei]

ⓝ 휴일, 공휴일; 휴가

I often visit my grandparents during the **holidays**.
나는 **휴일** 동안 자주 조부모님을 찾아뵙는다.

🔲 a time when we do not go to work or school
(직장이나 학교에 가지 않는 시간)

590 • pack
[pæk]

ⓥ (짐을) 싸다, 꾸리다

Have you **packed** for the trip?
여행 갈 **짐을 다 쌌니**?

591 • rent
[rent]

ⓥ (사용료를 내고) 빌리다

We will **rent** a car to see the city.
우리는 그 도시를 보기 위해 차를 **빌릴** 것이다.

592 • leave
[liːv]
leave-left-left

ⓥ 1 떠나다, 출발하다　2 남기다; 두고 오다

The plane will **leave** the airport at 10:00 a.m.
비행기는 오전 10시에 공항을 **떠날** 것이다.

I **left** my umbrella on the bus.
나는 버스에 내 우산을 **두고 왔다**.

593 • arrive
[əráiv]

ⓥ 도착하다

I **arrived** at the hotel late at night.
나는 밤늦게 호텔에 **도착했다**.

594 · get to

~에 도착하다

It takes an hour to **get to** the mall.
쇼핑몰에 **도착하는** 데 한 시간이 걸린다.

595 · stay
[stei]

ⓥ 머무르다, 체류하다

We'll **stay** at the hotel for five days.
우리는 그 호텔에 5일간 **머무를** 것이다.

🔲 to continue to be in a place (한 장소에 계속 있다)

✤ 휴가지 활동

596 · take a picture of

~의 사진을 찍다

The tourists **took a picture of** the tower.
관광객은 그 탑의 **사진을 찍었다.**

597 · map
[mæp]

ⓝ 지도

I use an online **map** when I travel.
나는 여행할 때 온라인 **지도**를 사용한다.

a world **map** 세계 **지도**

598 · wonderful
[wʌ́ndərfəl]

ⓐ 아주 멋진, 훌륭한

We had a **wonderful** time in the city.
우리는 그 도시에서 **아주 멋진** 시간을 보냈다.

599 · lost
[lɔːst]

ⓐ 1 길을 잃은 2 (물건이) 분실된

It's easy to get **lost** when you travel.
여행할 때 **길을 잃기** 쉽다.

I found my **lost** passport.
나는 내 **잃어버린** 여권을 찾았다.

600 · view
[vjuː]

ⓝ 1 풍경, 경치 2 견해, 생각

I enjoyed the wonderful **view** of the garden.
나는 정원의 아주 멋진 **경치**를 즐겼다.

We have different **views** on it.
우리는 그것에 대해 **견해**가 다르다.

A 빈칸에 알맞은 우리말 뜻 또는 영어를 써넣어 워드맵을 완성하시오.

여가 생활

여행 및 여가

1 _____
여행하다[가다]*

2 _____
trip

3 _____
tour

4 _____
세계; 세상

5 _____
country

6 _____
캠핑, 야영

7 _____
fishing

휴가

8 _____
휴가; 방학

9 _____
holiday

10 _____
(짐을) 싸다

11 _____
rent

12 _____
떠나다; 남기다

13 _____
arrive

14 _____
get to

15 _____
머무르다, 체류하다

휴가지 활동

16 _____
~의 사진을 찍다

17 _____
map

18 _____
아주 멋진, 훌륭한

19 _____
view

20 _____
길을 잃은; 분실된

B 우리말을 참고하여 문장을 완성하시오. (필요하면 단어 형태를 바꾸시오.)

1 My family _____ to Mexico last year.
우리 가족은 작년에 멕시코로 여행을 갔다.

2 Have you _____ for the trip?
여행 갈 짐을 다 쌌니?

3 Where did you go on your v_____?
휴가 때 어디에 갔었나요?

4 The plane will _____ the airport at 10:00 a.m.
비행기는 오전 10시에 공항을 떠날 것이다.

5 It's easy to get _____ when you travel.
여행할 때 길을 잃기 쉽다.

MP3 듣기

✤ 음악

601 • musical
[mjúːzikəl]

ⓐ 음악의, 음악적인　ⓝ 뮤지컬

Jason has **musical** talent.
Jason은 **음악적** 재능이 있다.

watch the **musical** *Cats* 뮤지컬 '캣츠'를 관람하다

✛ music ⓝ 음악

602 • musician
[mjuːzíʃən]

ⓝ 음악가

Four **musicians** are playing music together.
네 명의 **음악가**가 함께 음악을 연주하고 있다.

🔲 a person who plays, sings, or makes music
(음악을 연주하거나 부르거나 만드는 사람)

603 • pianist
[piǽnist]

ⓝ 피아니스트, 피아노 연주가

I want to be a **pianist**.
나는 **피아니스트**가 되고 싶다.

✛ piano ⓝ 피아노

604 • violin
[vàiəlín]

ⓝ 바이올린

She is playing the **violin** beautifully.
그녀는 아름답게 **바이올린**을 연주하고 있다.

✛ violinist ⓝ 바이올리니스트, 바이올린 연주가

605 • song
[sɔːŋ]

ⓝ 노래

He loves to sing **songs**.
그는 **노래**를 부르는 것을 아주 좋아한다.

606 • singer
[síŋər]

ⓝ 가수

Some **singers** write their own songs.
어떤 **가수들**은 자작곡을 쓴다.

✛ sing ⓥ 노래하다

✦ 예술과 공연

607 · artist
[áːrtist]

ⓝ 예술가, 화가

Artists think and see differently.
예술가들은 다르게 생각하고 본다.

＋ art ⓝ 미술, 예술

---

608 · create
[kriéit]

ⓥ 창작하다, 창조하다

Who **created** this wonderful video?
누가 이 멋진 비디오를 **창작했나요**?

🔤 to make something

---

609 · famous
[féiməs]

ⓐ 유명한

Shakespeare is one of the most **famous** writers.
셰익스피어는 가장 **유명한** 작가 중 하나이다.

---

610 · concert
[káːnsərt]

ⓝ 콘서트, 음악회, 연주회

The **concert** will take place next month.
그 **콘서트**는 다음 달에 열릴 것이다.

---

611 · dance
[dæns]

ⓝ 춤, 무용   ⓥ 춤을 추다

Ballet is one type of **dance**.
발레는 **춤**의 한 종류이다.

dance to the music 음악에 맞춰 **춤을 추다**

＋ dancer ⓝ 무용가, 무용수

---

612 · show
[ʃou]
show-showed-showed/
shown

ⓥ 보여 주다   ⓝ 공연, 쇼

They will **show** us a new dance.
그들은 우리에게 새로운 춤을 **보여줄** 것이다.

a TV **show** TV 쇼

---

613 · band
[bænd]

ⓝ 악단, 밴드

The school **band** has a concert tonight.
학교 **밴드**가 오늘 밤에 음악회를 연다.

🔤 a group of musicians who play popular music together
(함께 대중음악을 연주하는 음악가들의 집단)

614 · magic
[mǽdʒik]

ⓝ 마법, 마술

The magic show was fun to watch.
그 **마술** 쇼는 관람하기에 재미있었다.

♣ 미술

615 · sketch
[sketʃ]

ⓝ 스케치　ⓥ 스케치하다

I use a pencil to make a sketch.
나는 **스케치**를 하는 데 연필을 사용한다.

I sketched the fruits on the table.
나는 탁자 위에 과일들을 **스케치했다**.

616 · draw
[drɔː]
draw-drew-drawn

ⓥ (연필·펜 등으로) 그리다

She is drawing a face.
그녀는 얼굴을 **그리고 있다**.

617 · paint
[peint]

ⓥ 1 (물감으로) 그리다　2 페인트칠하다　ⓝ 물감; 페인트

The artist painted a beautiful house.
화가는 아름다운 집을 **그렸다**.

water/oil paint 수채화/유화 **물감**

✚ painting ⓝ 그림 ｜ painter ⓝ 화가

618 · crayon
[kréiən]

ⓝ 크레용

Children love to draw with crayons.
아이들은 **크레용**으로 그리는 것을 아주 좋아한다.

619 · canvas
[kǽnvəs]

ⓝ 캔버스 천

An oil painting is painted on a canvas.
유화는 **캔버스 천**에 그린다.

★ cf. drawing paper 도화지

620 · image
[ímidʒ]

ⓝ 모습; 이미지, 인상

The painting shows an image of a lovely baby.
그 그림은 사랑스러운 아기의 **모습**을 보여준다.

He has a kind and generous image.
그는 친절하고 너그러운 **인상**을 가지고 있다.

Daily Check-up

A 빈칸에 알맞은 우리말 뜻 또는 영어 단어를 써넣어 워드맵을 완성하시오.

음악과 미술

음악

1 ＿＿＿＿＿＿＿ 음악의, 음악적인

2 ＿＿＿＿＿＿＿ musician

3 ＿＿＿＿＿＿＿ 피아노 연주가

4 ＿＿＿＿＿＿＿ 바이올린

5 ＿＿＿＿＿＿＿ song

6 ＿＿＿＿＿＿＿ 가수

예술과 공연

7 ＿＿＿＿＿＿＿ 예술가, 화가

8 ＿＿＿＿＿＿＿ create

9 ＿＿＿＿＿＿＿ 유명한

10 ＿＿＿＿＿＿＿ 콘서트, 음악회

11 ＿＿＿＿＿＿＿ dance

12 ＿＿＿＿＿＿＿ 보여주다; 공연

13 ＿＿＿＿＿＿＿ 악단, 밴드

14 ＿＿＿＿＿＿＿ magic

미술

15 ＿＿＿＿＿＿＿ 스케치(하다)

16 ＿＿＿＿＿＿＿ draw

17 ＿＿＿＿＿＿＿ paint

18 ＿＿＿＿＿＿＿ 크레용

19 ＿＿＿＿＿＿＿ 캔버스 천

20 ＿＿＿＿＿＿＿ image

B 우리말을 참고하여 문장을 완성하시오. (필요하면 단어 형태를 바꾸시오.)

1 She is ＿＿＿＿＿＿＿＿ a face.
그녀는 얼굴을 그리고 있다.

2 Jason has ＿＿＿＿＿＿＿＿ talent.
Jason은 음악적 재능이 있다.

3 Some ＿＿＿＿＿＿＿＿ write their own songs.
어떤 가수들은 자작곡을 쓴다.

4 They will ＿＿＿＿＿＿＿＿ us a new dance.
그들은 우리에게 새로운 춤을 보여줄 것이다.

5 Shakespeare is one of the most ＿＿＿＿＿＿＿＿ writers.
셰익스피어는 가장 유명한 작가 중 하나이다.

MP3 듣기

✤ 문학과 장르

621 • **novel**
[nάːvəl]

ⓝ 소설

I like to read **novels**.
나는 **소설**을 읽는 것을 좋아한다.

---

622 • **poem**
[póuəm]

ⓝ 시

The **poem** is short and beautiful.
그 **시**는 짧고 아름답다.

✛ poet ⓝ 시인

---

623 • **essay**
[ései]

ⓝ 수필

Her **essay** is about the beauty of life.
그녀의 **수필**은 인생의 아름다움에 관한 것이다.

🗜 a short piece of writing that shares the writer's thoughts on a subject (한 주제에 관해 저자의 생각을 공유한 짧은 글)

---

624 • **drama**
[drάːmə]

ⓝ 드라마, 극; 연극

The **drama** was very boring.
그 **드라마**는 아주 지루했다.

✛ dramatic ⓐ 극적인
★ drama는 TV, 라디오, 극장에서 하는 드라마와 문학적 형태로서의 연극을 모두 의미한다.

---

625 • **mystery**
[místəri]

ⓝ 1 신비; 수수께끼 2 추리 소설

The **mystery** is not solved yet.
그 **수수께끼**는 아직 풀리지 않았다.

He likes reading **mysteries**.
그는 **추리 소설** 읽는 것을 좋아한다.

---

626 • **comedy**
[kάːmədi]

ⓝ 희극, 코미디 ↔ tragedy 비극

Comedies make us happy and laugh.
희극은 우리를 행복하게 하고 웃게 만든다.

✛ comic ⓐ 희극의; 웃기는

627 • **hope**
[houp]

ⓝ 희망, 소망　ⓥ 바라다, 기대하다

The comedy is full of **hope**.
그 희극은 **희망**으로 가득 차 있다.

I **hope** to see you soon.
당신을 곧 만나 뵙기를 **바랍니다**.

✚ 이야기

628 • **story**
[stɔ́:ri]

ⓝ 이야기

Her life **story** was written into a novel.
그녀의 인생 **이야기**가 소설로 쓰여졌다.

a short **story**　단편 **소설**

629 • **word**
[wəːrd]

ⓝ 단어, 낱말; 말

This poem has 100 **words**.
이 시는 100개의 **단어**로 되어 있다.

630 • **hero**
[híərou]

ⓝ 1 영웅　2 (소설·영화 등의) 남자 주인공

↔ heroine 여자 주인공

Caesar was a **hero** of Rome.
시저는 로마의 **영웅**이었다.

The kid is the **hero** of the novel.
그 아이가 그 소설의 **남자 주인공**이다.

631 • **secret**
[síːkrit]

ⓝ 비밀

The story has a **secret**.
그 이야기는 **비밀**을 가지고 있다.

keep a **secret**　**비밀**을 지키다

📖 something not known or seen by others
(다른 사람들에게 알려지거나 보이지 않는 것)

632 • **run away**
run-ran-run

도망치다, 달아나다

The poor boy **ran away** from home.
그 가엾은 소년은 집에서 **도망쳤다**.

633 • **queen**
[kwiːn]

ⓝ 여왕　↔ king 왕

In the novel, the **queen** travels to Greece.
소설에서 그 **여왕**은 그리스로 여행을 간다.

634 • in the end

마침내, 결국

In the end, the hero arrives at the tower.
마침내, 남자 주인공은 그 탑에 도착한다.

✦ 영화

635 • movie
[múːvi]

ⓝ 영화

Let's go to the **movies**.
영화 보러 가자.

636 • film
[film]

ⓝ 영화 ⸨=⸩ movie ⓥ 촬영하다

The director is making a new **film**.
그 감독은 새 **영화**를 제작 중이다.

The movie was **filmed** in New Zealand.
그 영화는 뉴질랜드에서 **촬영되었다**.

637 • actor
[ǽktər]

ⓝ 배우

You can see many famous **actors** in the movie.
그 영화에서 많은 유명한 **배우**를 볼 수 있다.

✦ act ⓥ 행동하다; 연기하다

638 • actress
[ǽktris]

ⓝ 여배우

She is both a singer and **actress**.
그녀는 가수이자 **여배우**이다.

639 • role
[roul]

ⓝ 역할; 배역

The actor played the **role** of a soldier.
그 배우는 군인 **역할**을 했다.

★ cf. role model 롤모델(모범이 되는 사람)

640 • background
[bǽkgràund]

ⓝ 배경

The **background** music was scary.
그 **배경** 음악은 무서웠다.

The scene has Mt. Everest in the **background**.
그 장면은 **배경**이 에베레스트 산이다.

Daily Check-up

A 빈칸에 알맞은 우리말 뜻 또는 영어를 써넣어 워드맵을 완성하시오.

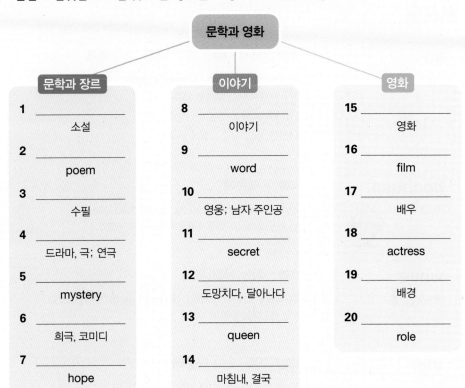

문학과 영화

문학과 장르

1 _____ 소설

2 _____ poem

3 _____ 수필

4 _____ 드라마, 극; 연극

5 _____ mystery

6 _____ 희극, 코미디

7 _____ hope

이야기

8 _____ 이야기

9 _____ word

10 _____ 영웅; 남자 주인공

11 _____ secret

12 _____ 도망치다, 달아나다

13 _____ queen

14 _____ 마침내, 결국

영화

15 _____ 영화

16 _____ film

17 _____ 배우

18 _____ actress

19 _____ 배경

20 _____ role

B 우리말을 참고하여 문장을 완성하시오. (필요하면 단어 형태를 바꾸시오.)

1 The _____ is short and beautiful.
그 시는 짧고 아름답다.

2 The _____ music was scary.
그 배경 음악은 무서웠다.

3 The actor played the _____ of a soldier.
그 배우는 군인 역할을 했다.

4 The poor boy _____ from home.
그 가엾은 소년은 집에서 도망쳤다.

5 The kid is the _____ of the novel.
그 아이가 그 소설의 남자 주인공이다.

MP3 듣기

❖ 연결어

641 • so
[sou:]

conj 그래서 **ad** 1 매우, 정말 2 그렇게

It was raining, **so** I stayed home.
비가 내려서 나는 집에 머물렀다.

I'm **so** sorry. 정말 미안해요.

I think **so**. 나도 그렇게 생각해.

642 • because
[bikɔ́:z]

conj ~ 때문에

Kyle felt tired **because** he worked late.
Kyle은 늦게까지 일했기 **때문에** 피곤함을 느꼈다.

643 • while
[wail]

conj ~하는 동안(에)

While you are eating, do not talk on the phone.
먹는 **동안에는** 통화하지 마라.

644 • then
[ðen]

ad 1 그때 2 그 다음에

See you **then**. 그때 보자.

I waited for two hours, and **then** I went out.
나는 두 시간 동안 기다렸고, **그 다음에** 밖으로 나갔다.

❖ 의미를 더해주는 부사

645 • actually
[ǽktʃuəli]

ad 1 실제로 2 사실은

Do you know what **actually** happened?
너는 **실제로** 무슨 일이 일어났는지 아니?

The novel is **actually** better than the movie.
소설이 영화보다 **사실** 더 낫다.

646 • suddenly
[sʌ́dnli]

ad 갑자기

The driver **suddenly** stopped the car.
운전사가 **갑자기** 차를 세웠다.

➕ sudden ⓐ 갑작스러운

647 • exactly
[igzǽktli]

ad 정확히, 꼭

The train arrived **exactly** at 11 o'clock.
그 기차는 **정확히** 11시에 도착했다.

648 • maybe
[méibi]

ad 아마, 어쩌면 **=** perhaps

Maybe they know who she is.
아마 그들은 그녀가 누구인지 알지 모른다.

649 • also
[ɔ́:lsou]

ad 또한, ~도

You like her songs! I'm **also** a big fan of hers.
너는 그녀의 노래를 좋아하는구나! 나 **또한** 그녀의 열렬한 팬이야.

650 • too
[tu:]

ad 1 너무   2 (~도) 또한

There are **too** many cars on the road.
도로에 차가 **너무** 많다.

My family has a cat, **too**.
우리 가족 **또한** 고양이를 기른다.

651 • either
[í:ðər]

ad (부정문) ~도 또한 (… 않다)

I can't swim, and I can't drive **either**.
나는 수영을 할 줄 모르고, 운전도 **또한** 할 줄 모른다.

652 • just
[dʒʌst]

ad 1 바로   2 막, 방금   3 그저

That's **just** what I mean.
그게 **바로** 내가 하고 싶은 말이야.

We **just** arrived. 우리는 **방금** 도착했다.

I **just** want to drink a glass of water.
저는 **그저** 물 한 잔 마시고 싶어요.

653 • about
[əbáut]

ad 약, 대략   **prep** ~에 대한[관한]

She left home **about** three hours ago.
그녀는 **약** 세 시간 전에 집을 나섰다.

a movie **about** a hero 영웅에 **관한** 영화

♣ 기타

654 • only
[óunli]

ad 오직, 단지 **a** 유일한

The meal is for children **only**.
그 식사는 **오직** 어린이 전용이다.

Jin is the **only** person I trust.
Jin은 내가 신뢰하는 **유일한** 사람이다.

---

655 • for example

예를 들어

I like sports. **For example**, I play tennis every day.
나는 스포츠를 좋아해. **예를 들어**, 나는 매일 테니스를 쳐.

---

656 • by the way

(화제를 바꿀 때) 그런데

By the way, do you know the name of the painter?
그런데, 너는 그 화가의 이름을 아니?

---

657 • anyway
[éniwèi]

ad 어쨌든

Anyway, I will keep my promise.
어쨌든 나는 내 약속을 지킬 거야.

The bus was late, but I got there **anyway**.
버스가 늦었지만, 나는 **어쨌든** 그곳에 도착했다.

---

658 • and so on

(기타) 등등

Alex traveled to Japan, China, India, **and so on**.
Alex는 일본, 중국, 인도 **등등**을 여행했다.

---

659 • anymore
[ènimɔ́:r]

ad (부정문에서) 더 이상, 이제는

Ms. Brown does not work here **anymore**.
Brown 씨는 **더 이상** 이곳에서 일하지 않습니다.

---

660 • at the same time

동시에[함께]

The three students answered **at the same time**.
그 세 학생이 **동시에** 대답했다.

Daily Check-up

학습 Check	MP3 듣기	본문 학습	Daily Check-up	누적 테스트 Days 32-33	Review Test

A 빈칸에 알맞은 우리말 뜻 또는 영어를 써넣어 워드맵을 완성하시오.

중요 연결어와 어구

연결어

1 _____
so

2 _____
～ 때문에

3 _____
～하는 동안(에)

4 _____
then

12 _____
바로; 방금; 그저

13 _____
about

의미를 더해주는 부사

5 _____
실제로; 사실은

6 _____
suddenly

7 _____
정확히, 꼭

8 _____
maybe

9 _____
also

10 _____
너무; (～도) 또한

11 _____
either

기타

14 _____
오직; 유일한

15 _____
for example

16 _____
그런데

17 _____
anyway

18 _____
(기타) 등등

19 _____
anymore

20 _____
동시에

B 우리말을 참고하여 문장을 완성하시오. (필요하면 단어 형태를 바꾸시오.)

1 _____, I will keep my promise.
어쨌든 나는 내 약속을 지킬 거야.

2 Kyle felt tired _____ he worked late.
Kyle은 늦게까지 일했기 때문에 피곤함을 느꼈다.

3 The train arrived _____ at 11 o'clock.
그 기차는 정확히 11시에 도착했다.

4 I can't swim, and I can't drive _____.
나는 수영을 할 줄 모르고, 운전도 또한 할 줄 모른다.

5 The three students answered at the _____.
그 세 학생이 동시에 대답했다.

Review Test

A 들려주는 영어 단어와 어구를 쓴 후 우리말 뜻을 쓰시오.

영단어	뜻	영단어	뜻
1		2	
3		4	
5		6	
7		8	
9		10	
11		12	
13		14	
15		16	
17		18	
19		20	

B 다음 주어진 단어를 괄호 안의 품사에 맞게 알맞은 형태로 바꿔 쓰시오.

1 sing - _____ (**n**, 사람)

2 music - _____ (**a**)

3 comic - _____ (**n**)

4 sudden - _____ (**ad**)

C 다음 영영 풀이에 해당하는 알맞은 단어를 골라 쓰시오.

보기	holiday	create	stay	secret

1 to make something   _____

2 to continue to be in a place   _____

3 something not known or seen by others   _____

4 a time when we do not go to work or school   _____

D 다음 그림을 보고, 해당하는 단어와 연결하시오.

1    2   3   4

concert   fishing   paint   queen

E 다음을 읽고, 빈칸에 들어갈 말을 골라 문장을 완성하시오.

보기	famous	by the way	lost	for example

1 If you get _____, use a map.

2 _____, who is the man over there?

3 Italy is _____ for pizza and pasta.

4 I enjoy different hobbies, _____, painting and biking.

PLAN 10

자연환경

nature 자연
forest 숲, 삼림
leaf 잎, 나뭇잎

animal 동물
insect 곤충
hunt 사냥하다

자연과
식물

동물

자연환경

날씨와
계절

sunny 화창한
season 계절
warm 따뜻한

MP3 듣기

---

661 • nature
[néitʃər]

ⓝ 자연

Nature gives us everything.
자연은 우리에게 모든 것을 준다.

➕ natural ⓐ 자연의, 천연의

✤ **하늘·땅**

---

662 • sky
[skai]

ⓝ 하늘

Look at the bright star in the **sky**!
하늘에 저 빛나는 별을 봐!

---

663 • ground
[graund]

ⓝ 1 지면, 바닥 2 땅

We built a tent on the **ground**.
우리는 **바닥**에 텐트를 쳤다.

The **ground** is soft and wet.
땅이 부드럽고 젖어 있다.

---

664 • land
[lænd]

ⓝ 육지; 땅 ⓥ 착륙하다

The boat reached the **land**.
그 배는 **육지**에 닿았다.

The airplane just **landed**.
비행기가 막 **착륙했다**.

---

665 • sand
[sænd]

ⓝ 모래

The **sand** is soft to walk on.
그 **모래**는 그 위를 걷기에 부드럽다.

---

666 • stone
[stoun]

ⓝ 돌, 돌멩이

A bird is sitting on a **stone**.
새 한 마리가 **돌** 위에 앉아 있다.

667 · rock

[rɑːk]

ⓝ 바위, 암석

We sat on the **rock** and enjoyed the view.
우리는 **바위**에 앉아 경치를 즐겼다.

✦ 산과 물

668 · mountain

[máuntn]

ⓝ 산

Many people like to climb **mountains**.
많은 사람이 **산**에 오르는 것을 좋아한다.

669 · hill

[hil]

ⓝ 언덕, 낮은 산

There are small houses on the **hill**.
언덕 위에 작은 집들이 있다.

📖 a raised area that is lower than a mountain
　　(산보다 낮은 솟아 오른 지역)

670 · forest

[fɔ́ːrist]

ⓝ 숲, 삼림

We took a walk in the **forest**.
우리는 **숲**에서 산책을 했다.

671 · sea

[siː]

ⓝ 바다

The **sea** is blue and deep.
그 **바다**는 파랗고 깊다.

672 · beach

[biːtʃ]

ⓝ 해변, 바닷가

We enjoyed swimming at the **beach**.
우리는 **해변**에서 수영을 즐겼다.

📖 an area of sand next to the sea
　　(바다 바로 옆의 모래로 된 지역)

673 · river

[rívər]

ⓝ 강

All the **rivers** run into the sea.
모든 **강**은 바다로 흘러 들어간다.

674 • lake
[leik]

ⓝ 호수

The **lake** is popular for fishing.
그 **호수**는 낚시로 인기가 있다.

675 • pond
[pɑːnd]

ⓝ 연못

I saw some frogs near the **pond**.
나는 **연못** 근처에서 개구리를 좀 봤다.

♣ 식물

676 • tree
[triː]

ⓝ 나무

Many **trees** form a forest.
많은 **나무**가 숲을 형성한다.

677 • wood
[wud]

ⓝ 1 나무, 목재   2 (주로 복수로) 숲

He collected pieces of **wood** for winter.
그는 겨울을 위해 **나무**를 모았다.

We walked through the **woods**.
우리는 **숲**을 지나 걸었다.

678 • flower
[fláuər]

ⓝ 꽃

Why are **flowers** so colorful?
왜 **꽃들**은 그렇게 화려할까?

679 • leaf
[liːf]

ⓝ 잎, 나뭇잎

The trees have large **leaves**.
그 나무들은 **잎**이 크다.

★ leaf의 복수형은 leaves이다.
　 cf. root 뿌리, branch 나뭇가지, trunk 나무의 몸통

680 • fruit
[fruːt]

ⓝ 과일; 열매

Fruits are the food of many birds.
열매는 많은 새들의 먹이이다.

Daily Check-up

A 빈칸에 알맞은 우리말 뜻 또는 영어 단어를 써넣어 워드맵을 완성하시오.

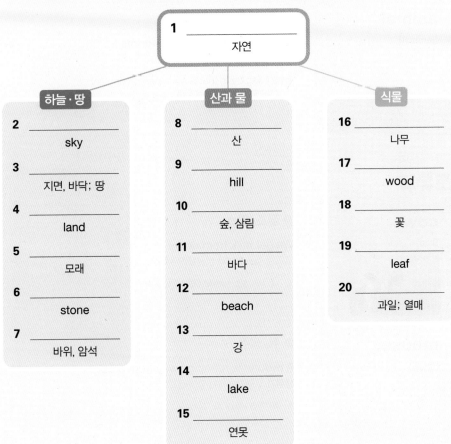

1 _____
자연

하늘·땅

2 _____
sky

3 _____
지면, 바닥; 땅

4 _____
land

5 _____
모래

6 _____
stone

7 _____
바위, 암석

산과 물

8 _____
산

9 _____
hill

10 _____
숲, 삼림

11 _____
바다

12 _____
beach

13 _____
강

14 _____
lake

15 _____
연못

식물

16 _____
나무

17 _____
wood

18 _____
꽃

19 _____
leaf

20 _____
과일; 열매

B 우리말을 참고하여 문장을 완성하시오. (필요하면 단어 형태를 바꾸시오.)

1 We built a tent on the _____.
우리는 바닥에 텐트를 쳤다.

2 We took a walk in the f_____.
우리는 숲에서 산책을 했다.

3 All the _____ run into the sea.
모든 강은 바다로 흘러 들어간다.

4 The trees have large _____.
그 나무들은 잎이 크다.

5 We sat on the _____ and enjoyed the view.
우리는 바위에 앉아 경치를 즐겼다.

MP3 듣기

---

681 • **animal**

[ǽniməl]

ⓝ 동물

Both birds and fish are **animals**.
새와 물고기 모두 **동물**이다.

📖 a living thing that is not a person or plant
(사람도 식물도 아닌 생명체)

♣ 포유류

682 • **cow**

[kau]

ⓝ 젖소, 암소

We get milk from **cows**.
우리는 **젖소**로부터 우유를 얻는다.

★ cf. bull 수소, cattle (집합적으로) 소

---

683 • **mouse**

[maus]

ⓝ 쥐, 생쥐

A **mouse** is running away from a cat.
생쥐가 고양이에게서 달아나고 있다.

★ 복수형은 mice이다.

---

684 • **monkey**

[mʌ́ŋki]

ⓝ 원숭이

Monkeys can use hands like humans.
원숭이는 인간처럼 손을 사용할 수 있다.

---

685 • **wolf**

[wulf]

ⓝ 늑대

Wolves have sharp teeth.
늑대의 이빨은 날카롭다.

★ 복수형은 wolves이다. cf. fox 여우

---

686 • **elephant**

[élìfənt]

ⓝ 코끼리

Elephants are the largest animals on land.
코끼리는 육상에서 가장 몸집이 큰 동물이다.

687 • giraffe [dʒərǽf]	**n** 기린 Why does a **giraffe** have such a long neck? **기린**은 왜 그렇게 긴 목을 가졌을까?

♣ 곤충·기타

688 • insect [ínsekt]	**n** 곤충 **Insects** are used as food. **곤충**은 음식으로 사용된다. 📖 a small animal with six legs
689 • ant [ænt]	**n** 개미 **Ants** often travel in a line. **개미**는 흔히 줄지어 이동한다.
690 • bee [bi:]	**n** 꿀벌; 벌 **Bees** help flowers make fruits. **꿀벌**은 꽃이 열매를 만드는 것을 돕는다. 
691 • spider [spáidər]	**n** 거미 **Spiders** are not insects because they have 8 legs. **거미**는 다리가 8개이므로 곤충이 아니다.
692 • snake [sneik]	**n** 뱀 Many people believe **snakes** are dangerous. 많은 사람들은 **뱀**이 위험하다고 생각한다.

♣ 행동과 특징

693 • fly [flai] fly-flew-flown	**v** 1 (새·곤충이) 날다 2 비행하다 Birds and insects use their wings to **fly**. 새와 곤충은 날개를 이용하여 **난다**.

694 • hunt
[hʌnt]

ⓥ 사냥하다

Some birds like owls **hunt** at night.
부엉이 같은 일부 새들은 밤에 **사냥한다**.

📖 to kill an animal for food
➕ hunter ⓝ 사냥꾼

---

695 • hide
[haid]
hide-hid-hidden

ⓥ 숨기다; 숨다

Crabs use the sand to **hide** from hunters.
게는 사냥꾼으로부터 **숨기** 위해 모래를 이용한다.

---

696 • lay
[lei]
lay-laid-laid

ⓥ 1 놓다[두다] 2 (알을) 낳다

lay a box on the table 탁자 위에 상자를 **놓다**
Some turtles **lay** eggs in the sand.
어떤 거북은 모래 속에 알을 **낳는다**.

---

697 • nest
[nest]

ⓝ 둥지

Eagles build their **nests** on high rocks.
독수리는 높은 바위에 **둥지**를 짓는다.

---

698 • speed
[spi:d]

ⓝ 속도

The **speed** of a cheetah is 31 meters a second.
치타의 **속도**는 초속 31미터이다.

---

699 • tail
[teil]

ⓝ 꼬리

Some animals have very long **tails**.
어떤 동물들은 매우 긴 **꼬리**를 가지고 있다.

---

700 • fur
[fə:r]

ⓝ 털; 모피

Polar bears have thick white **fur**.
북극곰은 두꺼운 흰색 **털**을 가졌다.

📖 the thick and soft hair of animals
(동물의 두껍고 부드러운 털)

A 빈칸에 알맞은 우리말 뜻 또는 영어 단어를 써넣어 워드맵을 완성하시오.

1 _____
동물

포유류

2 _____
cow

3 _____
쥐, 생쥐

4 _____
wolf

5 _____
원숭이

6 _____
giraffe

7 _____
코끼리

곤충·기타

8 _____
곤충

9 _____
ant

10 _____
꿀벌; 벌

11 _____
spider

12 _____
뱀

행동과 특징

13 _____
fly

14 _____
사냥하다

15 _____
hide

16 _____
놓다; 낳다

17 _____
nest

18 _____
속도

19 _____
tail

20 _____
털; 모피

B 우리말을 참고하여 문장을 완성하시오. (필요하면 단어 형태를 바꾸시오.)

1 _____ are used as food.
곤충은 음식으로 사용된다.

2 _____ have sharp teeth.
늑대의 이빨은 날카롭다.

3 Both birds and fish are _____.
새와 물고기 모두 동물이다.

4 Eagles build their _____ on high rocks.
독수리는 높은 바위에 둥지를 짓는다.

5 Some turtles _____ eggs in the sand.
어떤 거북은 모래 속에 알을 낳는다.

MP3 듣기

✦ 날씨

701 • weather
[wéðər]

ⓝ 날씨

Let's check out the **weather** for tomorrow.
내일 **날씨**를 확인해 보자.

---

702 • sunny
[sʌ́ni]

ⓐ 화창한, 햇살이 내리쬐는

It was a **sunny** day.
화창한 날이었다.

╋ sun ⓝ 해, 태양

---

703 • fine
[fain]

ⓐ 1 좋은 2 건강한 3 맑은 ⊜ sunny

I bought a **fine** watch. 나는 **좋은** 시계를 샀다.
I'm **fine**. 잘 지내.
fine weather **맑은** 날씨

---

704 • rainy
[réini]

ⓐ 비 오는, 비가 많은

Don't ride a bike on **rainy** days.
비 오는 날에는 자전거를 타지 마.

╋ rain ⓥ 비가 오다 ⓝ 비

---

705 • snow
[snou]

ⓝ 눈 ⓥ 눈이 내리다

We will have heavy **snow** this weekend.
이번 주말에 많은 **눈**이 올 것이다.

It **snowed** all night. 밤새도록 **눈**이 내렸다.

╋ snowy ⓐ 눈이 내리는

---

706 • fog
[fɔːg]

ⓝ 안개

The **fog** is very thick today.
오늘 **안개**가 매우 짙다.

╋ foggy ⓐ 안개가 낀

707 • cloud
[klaud]

ⓝ 구름

Look at the dark **clouds**. It will rain soon.
먹**구름**을 봐. 곧 비가 올 거야.

708 • cloudy
[kláudi]

ⓐ 구름이 잔뜩 낀, 흐린

It has been **cloudy** all day long.
하루 종일 날이 **흐리다**.

709 • windy
[wíndi]

ⓐ 바람이 많이 부는

It's **windy**. Let's fly some kites.
바람이 많이 불어. 연을 날리자.

✛ wind ⓝ 바람

710 • shower
[ʃáuər]

ⓝ 1 소나기   2 샤워(하기)

I was caught in a **shower**.
나는 **소나기**를 만났다.

I took a **shower** after dinner.
나는 저녁 식사 후 **샤워**를 했다.

🔲 1 a short fall of rain (짧게 내리는 비)

711 • rainbow
[réinbòu]

ⓝ 무지개

Rainbows come after rain.
무지개는 비 온 후에 나타난다.

✛ 계절

712 • season
[síːzən]

ⓝ 계절

There is only one **season** in some countries.
일부 나라에는 **계절**이 딱 하나만 있다.

713 • spring
[spriŋ]

ⓝ 봄

Everything wakes up in the **spring**.
만물이 **봄**에 잠에서 깨어난다.

714 • **summer**
[sʌ́mər]

ⓝ 여름

We go to the beach every **summer**.
우리는 매 **여름** 그 해변에 간다.

715 • **fall**
[fɔːl]

ⓝ 가을 ⊜autumn **ⓥ 떨어지다**

Leaves change colors in **fall**.
나뭇잎은 **가을**에 색이 변한다.

Things **fall** to the ground.
사물은 땅으로 **떨어진다**.

716 • **winter**
[wíntər]

ⓝ 겨울

My family enjoys skiing in **winter**.
우리 가족은 **겨울**에 스키 타는 것을 즐긴다.

✤ 기후와 온도

717 • **cold**
[kould]

ⓐ 추운, 차가운

It's very **cold** in winter.
겨울에는 날씨가 매우 **춥다**.

718 • **hot**
[hɑːt]

ⓐ 더운, 뜨거운

I don't like to go outside because it's too **hot**.
너무 **더워서** 나는 밖에 나가기 싫다.

Be careful with **hot** water. 뜨거운 물을 조심하렴.

719 • **cool**
[kuːl]

ⓐ 서늘한, 시원한

It will be **cool** and sunny tomorrow.
내일은 날씨가 **시원하고** 화창할 것이다.

We can stay **cool** under the trees.
우리는 나무 밑에서 **시원함**을 유지할 수 있다.

720 • **warm**
[wɔːrm]

ⓐ 따뜻한

We have **warm** weather in May.
5월에는 날씨가 **따뜻하다**.

Daily Check-up

A 빈칸에 알맞은 우리말 뜻 또는 영어 단어를 써넣어 워드맵을 완성하시오.

날씨와 계절

날씨

1 _____ 날씨

2 _____ 좋은; 맑은

3 _____ sunny

4 _____ 비 오는

5 _____ snow

6 _____ 안개

7 _____ cloud

8 _____ 구름이 잔뜩 낀

계절

12 _____ 계절

13 _____ 봄

14 _____ summer

15 _____ fall

16 _____ 겨울

9 _____ 바람이 많이 부는

10 _____ shower

11 _____ 무지개

기후와 온도

17 _____ 추운, 차가운

18 _____ hot

19 _____ 서늘한, 시원한

20 _____ warm

B 우리말을 참고하여 문장을 완성하시오. (필요하면 단어 형태를 바꾸시오.)

1 We have _____ weather in May.
5월에는 날씨가 따뜻하다.

2 I was caught in a _____.
나는 소나기를 만났다.

3 The _____ is very thick today.
오늘 안개가 매우 짙다.

4 Let's check out the _____ for tomorrow.
내일 날씨를 확인해 보자.

5 There is only one _____ in some countries.
일부 나라에는 계절이 딱 하나만 있다.

Review Test

A 들려주는 영어 단어를 쓴 후 우리말 뜻을 쓰시오.

영단어	뜻	영단어	뜻
1		**2**	
3		**4**	
5		**6**	
7		**8**	
9		**10**	
11		**12**	
13		**14**	
15		**16**	
17		**18**	
19		**20**	

B 다음 주어진 단어를 괄호 안의 품사에 맞게 알맞은 형태로 바꿔 쓰시오.

1 hunter   - _____ (**v**)

2 wind   - _____ (**a**)

3 natural   - _____ (**n**)

4 snowy   - _____ (**n**, **v**)

C 다음 영영 풀이에 해당하는 알맞은 단어를 골라 쓰시오.

보기	insect	hill	beach	shower

1 a short fall of rain   _____

2 a small animal with six legs   _____

3 an area of sand next to the sea   _____

4 a raised area that is lower than a mountain   _____

D 다음 그림을 보고, 해당하는 단어와 연결하시오.

1   **2**    **3**    **4**

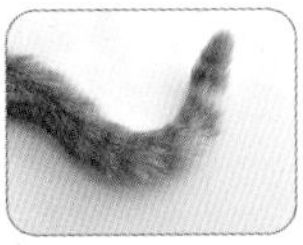

| leaf | tail | rock | river |

E 다음을 읽고, 빈칸에 들어갈 말을 골라 문장을 완성하시오.

보기	flowers	nest	season	hide

1 My cats _____ under the bed.

2 Some birds are in the _____ .

3 Bees visit _____ to get food.

4 The _____ changes from spring to summer.

PLAN 11

사회 · 과학 · 환경

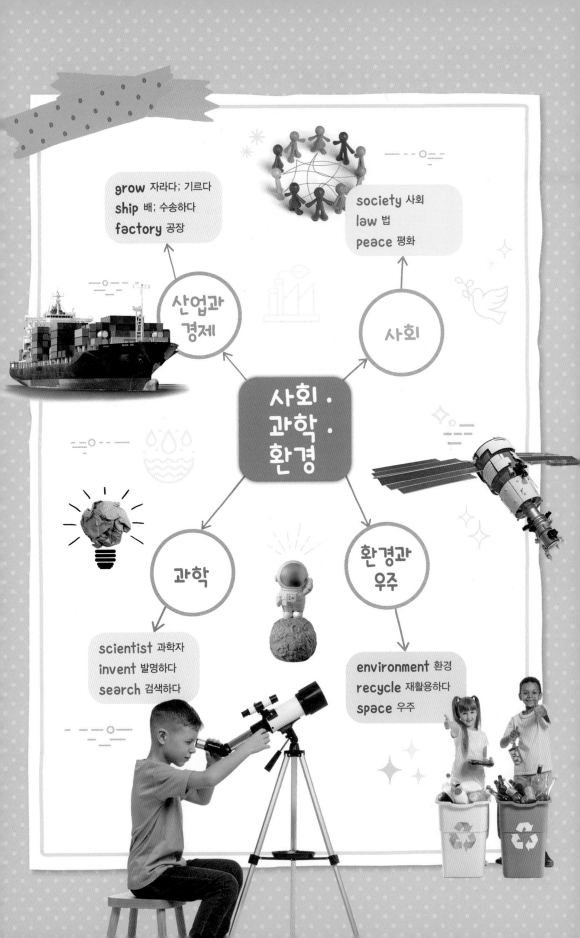

grow 자라다; 기르다
ship 배; 수송하다
factory 공장

society 사회
law 법
peace 평화

산업과
경제

사회

사회 ·
과학 ·
환경

과학

환경과
우주

scientist 과학자
invent 발명하다
search 검색하다

environment 환경
recycle 재활용하다
space 우주

MP3 듣기

✦ 농업

721 • farm
[fɑːrm]

ⓝ 농장

The farmer worked on his **farm** all day long.
그 농부는 자신의 **농장**에서 하루 종일 일했다.

722 • field
[fiːld]

ⓝ 들판, 밭

The **fields** turn golden in fall.
그 **들판**은 가을에 황금빛으로 변한다.

723 • grow
[grou]
grow-grew-grown

ⓥ 1 (사람·동물이) **자라다** 2 **기르다, 재배하다**

These trees **grow** very tall.
이 나무들은 매우 높이 **자란다**.

The farmers here **grow** apples.
여기 농부들은 사과를 **재배한다**.

🔁 1 to become larger

724 • rice
[rais]

ⓝ 쌀, 밥; 벼

Rice is the most important food in Asia.
쌀은 아시아에서 가장 중요한 식량이다.

fried **rice** 볶음**밥**

725 • corn
[kɔːrn]

ⓝ 옥수수

Corn is used to make popcorn.
옥수수는 팝콘을 만드는 데 사용된다.

726 • vegetable
[védʒətəbəl]

ⓝ 채소

The farm grows fresh **vegetables**.
그 농장은 신선한 **채소**를 기른다.

✦ 어업·축산업

727 • fish
[fiʃ]

ⓝ 물고기; 생선   ⓥ 낚시하다

The fishermen caught a lot of **fish**.
그 어부들은 많은 **물고기**를 잡았다.

The fishermen went out to sea to **fish**.
어부들은 **물고기를 잡으러** 바다로 나갔다.

728 • ship
[ʃip]

ⓝ (큰) 배   ⓥ (배나 다른 수단으로) 수송하다

There are many **ships** on the sea.
바다에 **배**가 많이 있다.

The fish will be **shipped** soon.
생선은 곧 **수송될** 것이다.

729 • pig
[pig]

ⓝ 돼지

The farms raise **pigs** for meat.
그 농장은 고기를 얻기 위해 **돼지**를 기른다.

★ cf. pork 돼지고기

730 • sheep
[ʃi:p]

ⓝ 양

Sheep give us meat and wool.
양은 우리에게 고기와 털(양모)을 준다.

★ sheep은 단수형, 복수형이 sheep으로 동일하다.

731 • goat
[gout]

ⓝ 염소

The farm makes cheese by using **goat**'s milk.
그 농장은 **염소** 우유를 사용해서 치즈를 만든다.

✦ 기타 산업·경제

732 • factory
[fǽktəri]

ⓝ 공장

The **factory** makes 5,000 cars a day.
그 **공장**은 하루에 5천 대의 자동차를 만든다.

733 • produce
[prədú:s]

ⓥ 생산하다

Workers **produce** things for the market.
근로자들은 시장에 팔 물건을 **생산한다**.

🔲 to make or grow something

✚ product ⓝ 상품, 제품

734 • machine
[məʃíːn]

ⓝ 기계

The **machine** is used to make paper.
그 **기계**는 종이를 만드는 데 사용된다.

---

735 • business
[bíznis]

ⓝ 사업, 장사

She traveled to China on **business**.
그녀는 **사업**차 중국에 갔다.

---

736 • lend
[lend]
lend-lent-lent

ⓥ 빌려주다 ⟷ borrow 빌리다

The bank **lent** her some money for her business.
그 은행은 그녀에게 사업 자금을 좀 **빌려주었다**.

I **lent** my book to Erin.
나는 Erin에게 내 책을 **빌려주었다**.

---

737 • rich
[ritʃ]

ⓐ 부유한, 부자인 ⟷ poor

His business went well, and he became **rich**.
그의 사업은 잘 되었고, 그는 **부자가** 되었다.

---

738 • poor
[pɔːr]

ⓐ 1 가난한   2 불쌍한   3 (질적으로) 좋지 못한

She was **poor** when she was young.
그녀는 어렸을 때 **가난했다**.

The service was **poor**. 서비스가 **좋지 않았다**.

---

739 • waste
[weist]

ⓥ 낭비하다   ⓝ 1 낭비   2 쓰레기, 폐기물

Don't **waste** your money.
돈을 **낭비하지** 마라.

a **waste** of time   시간 **낭비**

waste from factories   공장에서 나오는 **쓰레기[폐기물]**

---

740 • save
[seiv]

ⓥ 1 (재난·위험 등에서) 구하다   2 저축하다

He **saved** me from danger.
그는 나를 위험으로부터 **구해주었다**.

Save some money for rainy days.
어려울 때를 대비해 돈을 좀 **저축해라**.

A 빈칸에 알맞은 우리말 뜻 또는 영어 단어를 써넣어 워드맵을 완성하시오.

산업과 경제

농업

1 _____ 농장

2 _____ field

3 _____ 자라다; 기르다

4 _____ rice

5 _____ 채소

6 _____ corn

어업·축산업

7 _____ fish

8 _____ 배; 수송하다

9 _____ pig

10 _____ 양

11 _____ 염소

기타 산업·경제

12 _____ factory

13 _____ 생산하다

14 _____ machine

15 _____ 사업, 장사

16 _____ lend

17 _____ 부유한, 부자인

18 _____ poor

19 _____ 구하다; 저축하다

20 _____ waste

B 우리말을 참고하여 문장을 완성하시오. (필요하면 단어 형태를 바꾸시오.)

1 The farmers here _____ apples.
여기 농부들은 사과를 재배한다.

2 The _____ makes 5,000 cars a day.
그 공장은 하루에 5천 대의 자동차를 만든다.

3 The fishermen went out to sea to _____.
어부들은 물고기를 잡으러 바다로 나갔다.

4 Workers _____ things for the market.
근로자들은 시장에 팔 물건을 생산한다.

5 The bank _____ her some money for her business.
그 은행은 그녀에게 사업 자금을 좀 빌려주었다.

MP3 듣기

✦ 사회와 문화

---

741 • society
[səsáiəti]

ⓝ 사회

We are all part of a **society**.
우리 모두는 **사회**의 한 부분이다.

---

742 • culture
[kʌ́ltʃər]

ⓝ 문화

There are many different **cultures** around the world.
전 세계에는 많은 다양한 **문화**가 있다.

✦ cultural ⓐ 문화의

---

743 • nation
[néiʃən]

ⓝ 국가 ⊜ country

Morocco is one of the African **nations**.
모로코는 아프리카 **국가** 중 하나이다.

---

744 • local
[lóukəl]

ⓐ 지역의, 현지의

Tourists learn the **local** culture.
여행자들은 **현지** 문화를 배운다.

---

745 • believe in

〜(의 존재)를 믿다

The people in Nepal **believe in** Buddhism.
네팔 국민들은 불교를 **믿는**다.

✦ belief ⓝ 믿음

---

746 • own
[oun]

ⓐ 자기 자신의; 고유한 **ⓥ 소유하다**

The festival shows our **own** culture.
그 축제는 우리의 **고유한** 문화를 보여준다.

Who **owns** this land?
누가 이 땅을 **소유하고** 있나요?

---

747 · be from

~에서 오다, ~ 출신이다

Where **are** you **from**? — I'm **from** New York.
어디에서 오셨나요? – 뉴욕에서 왔어요.

✚ 다양한 이슈

748 · news
[nuːz]

ⓝ 뉴스, 보도; 소식

I often watch **news** programs on TV.
나는 자주 TV **뉴스** 프로그램을 시청한다.

Have you heard the **news**?
너 그 **소식** 들었니?

749 · report
[ripɔ́ːrt]

ⓥ 1 보도하다 2 보고하다 ⓝ 1 보도 2 보고(서)

Local TV stations **reported** on the festival.
지역 TV 방송국들이 그 축제에 대해 **보도했다.**

a weather **report** 일기 예보

✚ reporter ⓝ 기자

750 · media
[míːdiə]

ⓝ (신문·TV 등의) 매체

The **media** often focuses on famous people.
매체는 흔히 유명인에 집중한다.

751 · law
[lɔː]

ⓝ 법

Some people break the **law** and cause trouble.
일부 사람들은 **법**을 어기고 문제를 일으킨다.

752 · strongly
[strɔ́ːŋli]

ⓐⓓ 강하게, 강력히

We **strongly** believe that we can make it.
우리는 해낼 수 있다고 **강력히** 믿는다.

753 · make fun of

~를 놀리다[비웃다]

Don't **make fun of** other cultures.
다른 문화를 **비웃지** 마라.

My brother sometimes **makes fun of** me.
내 형은 가끔 나를 **놀린다.**

PLAN 11

754 • **war**
[wɔːr]

ⓝ 전쟁

The two countries are still at **war**.
그 두 나라는 아직 **전쟁** 중이다.

755 • **peace**
[piːs]

ⓝ 평화   ↔ war

We always hope to find **peace**.
우리는 늘 **평화**를 찾기를 소망한다.

➕ peaceful ⓐ 평화로운

✤ 함께하는 사회

756 • **group**
[gruːp]

ⓝ 무리, 집단; 단체

The **group** cleaned the beach together.
그 **무리**는 함께 해변을 치웠다.

757 • **member**
[mémbər]

ⓝ 구성원; 회원

Emily is a **member** of a book club.
Emily는 독서 동아리의 **회원**이다.

🔡 a person who is a part of a group (단체의 한 일원인 사람)

758 • **belong**
[bilɔ́ːŋ]

ⓥ 속하다

The jacket **belongs** to him. 그 재킷은 그의 **것이다.**

Jason **belongs** to the local basketball team.
Jason은 지역 농구팀 **소속이다.**

759 • **in need**

궁핍한, 어려움에 처한

We should help people **in need**.
우리는 **어려움에 처한** 사람들을 도와야 한다.

➕ need ⓝ 필요 ⓥ 필요로 하다

760 • **care**
[keər]

ⓝ 보살핌, 돌봄   ⓥ 1 상관하다   2 돌보다

Children grow under their parents' **care**.
아이들은 부모의 **보살핌** 속에서 자란다.

I don't **care**. **상관**없어.(신경 안 써.)

I **cared** for my sick dog.
나는 내 아픈 개를 **돌봤다.**

Daily Check-up

A 빈칸에 알맞은 우리말 뜻 또는 영어를 써넣어 워드맵을 완성하시오.

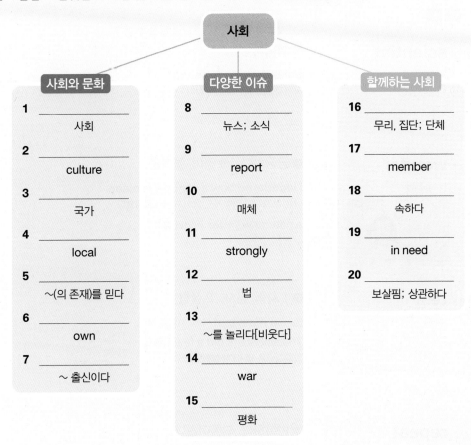

사회

사회와 문화

1 ＿＿＿＿＿＿＿
사회

2 ＿＿＿＿＿＿＿
culture

3 ＿＿＿＿＿＿＿
국가

4 ＿＿＿＿＿＿＿
local

5 ＿＿＿＿＿＿＿
~(의 존재)를 믿다

6 ＿＿＿＿＿＿＿
own

7 ＿＿＿＿＿＿＿
~ 출신이다

다양한 이슈

8 ＿＿＿＿＿＿＿
뉴스; 소식

9 ＿＿＿＿＿＿＿
report

10 ＿＿＿＿＿＿＿
매체

11 ＿＿＿＿＿＿＿
strongly

12 ＿＿＿＿＿＿＿
법

13 ＿＿＿＿＿＿＿
~를 놀리다[비웃다]

14 ＿＿＿＿＿＿＿
war

15 ＿＿＿＿＿＿＿
평화

함께하는 사회

16 ＿＿＿＿＿＿＿
무리, 집단; 단체

17 ＿＿＿＿＿＿＿
member

18 ＿＿＿＿＿＿＿
속하다

19 ＿＿＿＿＿＿＿
in need

20 ＿＿＿＿＿＿＿
보살핌; 상관하다

B 우리말을 참고하여 문장을 완성하시오. (필요하면 단어 형태를 바꾸시오.)

1 Tourists learn the ＿＿＿＿＿＿＿ culture.
여행자들은 현지 문화를 배운다.

2 Local TV stations ＿＿＿＿＿＿＿ on the festival.
지역 TV 방송국들이 그 축제에 대해 보도했다.

3 We should help people ＿＿＿＿＿＿＿.
우리는 어려움에 처한 사람들을 도와야 한다.

4 Don't make ＿＿＿＿＿＿＿ other cultures.
다른 문화를 비웃지 마라.

5 Jason ＿＿＿＿＿＿＿ to the local basketball team.
Jason은 지역 농구팀 소속이다.

MP3 듣기

✚ 실험

761 • scientist
[sáiəntist]

ⓝ 과학자

Scientists study nature.
과학자들은 자연을 연구한다.

762 • wonder
[wʌ́ndər]

ⓥ 궁금하다 ⓝ 경이, 놀라움

I wondered how a rainbow is made.
나는 무지개가 어떻게 만들어지는지 궁금했다.

a natural wonder 자연의 경이

763 • test
[test]

ⓝ 1 시험, 검사 2 실험

take a math test 수학 시험을 보다

The scientists did a few tests.
과학자들은 몇 가지 실험을 했다.

764 • repeat
[ripíːt]

ⓥ 반복하다, 되풀이하다

She repeated the same test.
그녀는 같은 실험을 반복했다.

🔊 to do or say something again
(무언가를 다시 하거나 다시 말하다)

765 • mix
[miks]

ⓥ 섞다, 혼합하다

What happens when you mix oil with water?
기름과 물을 섞으면 어떤 일이 생기는가?

766 • result
[rizʌ́lt]

ⓝ 결과

The test results surprised us.
실험 결과는 우리를 놀라게 했다.

767 • case
[keis]

ⓝ 경우, 사례

In many **cases**, science gives answers to problems.
많은 **경우**, 과학은 문제에 대한 해답을 준다.

✤ 발견 및 수상

768 • discover
[diskʌ́vər]

ⓥ 발견하다

The scientist **discovered** a new kind of frog.
그 과학자는 새로운 종류의 개구리를 **발견했다**.

✚ discovery ⓝ 발견

769 • puzzle
[pʌzl]

ⓝ 수수께끼, 퍼즐

They tried to solve the **puzzle**.
그들은 그 **수수께끼**를 풀기 위해 노력했다.

a crossword **puzzle** 크로스워드 **퍼즐**

770 • find out
find-found-found

~을 알아내다[찾아내다]

He **found out** where the insects hide.
그는 그 곤충들이 어디에 숨는지 **알아냈다**.

771 • invent
[invént]

ⓥ 발명하다

Alexander Graham Bell **invented** the telephone in 1876.
Alexander Graham Bell은 1876년에 전화기를 **발명했다**.

📖 to create something for the first time (처음으로 무언가를 만들다)

✚ inventor ⓝ 발명가

772 • key
[ki:]

ⓝ 1 열쇠   2 (성취의) 비결[열쇠]

I lost my **key**. 나는 **열쇠**를 잃어버렸다.
the **key** to success 성공의 **비결**

773 • at last

마침내, 결국 🟰 finally, in the end

At last, the scientist found what he wanted.
마침내, 그 과학자는 자신이 원하는 것을 찾았다.

774 • **luck**
[lʌk]

ⓝ 행운; 운

Good **luck**! 행운을 빌어!
It came from effort, not from **luck**.
그것은 노력으로부터 온 것이지 **운**으로 온 것이 아니다.

➕ lucky ⓐ 행운의, 운이 좋은

---

775 • **prize**
[praiz]

ⓝ 상, 상품

The inventor won a **prize** for her work.
그 발명가는 자신의 작품으로 **상**을 받았다.

the Nobel **Prize** 노벨상

✦ 컴퓨터

776 • **search**
[sə:rtʃ]

ⓥ 검색하다, 찾아보다

I **searched** the Internet for a good restaurant.
나는 좋은 음식점을 찾아 인터넷을 **검색했다**.

🈂 to look carefully for someone or something
(신중하게 누군가나 무언가를 찾다)

---

777 • **click**
[klik]

ⓥ 1 딸깍 소리가 나다   2 (마우스를) 클릭하다[누르다]

Click on the button to turn off the computer.
컴퓨터를 끄려면 그 버튼을 **클릭하세요**.

---

778 • **file**
[fail]

ⓝ 파일; 서류철

I will send you the **file** by email.
그 **파일**을 네게 이메일로 보내줄게.

---

779 • **online**
[ɔ́nlàin]

ⓐ 온라인의   ⓐⓓ 온라인으로   ↔ offline 오프라인의[으로]

I prefer **online** classes to offline ones.
나는 오프라인 수업보다 **온라인** 수업을 선호한다.

go **online** 인터넷[온라인]에 접속하다

---

780 • **post**
[poust]

ⓥ 올리다, 게시하다

I'll **post** the recipe on my blog.
그 요리법을 제 블로그에 **올리겠습니다**.

A 빈칸에 알맞은 우리말 뜻 또는 영어를 써넣어 워드맵을 완성하시오.

과학

실험

1 _____
과학자

2 _____
wonder

3 _____
시험; 실험

4 _____
repeat

5 _____
섞다, 혼합하다

6 _____
result

7 _____
경우, 사례

발견 및 수상

8 _____
발견하다

9 _____
find out

10 _____
수수께끼, 퍼즐

11 _____
invent

12 _____
마침내, 결국

13 _____
key

14 _____
행운; 운

15 _____
prize

컴퓨터

16 _____
search

17 _____
click

18 _____
파일; 서류철

19 _____
post

20 _____
온라인의[으로]

B 우리말을 참고하여 문장을 완성하시오. (필요하면 단어 형태를 바꾸시오.)

1 I _____ how a rainbow is made.
나는 무지개가 어떻게 만들어지는지 궁금했다.

2 _____, the scientist found what he wanted.
마침내, 그 과학자는 자신이 원하는 것을 찾았다.

3 I _____ the Internet for a good restaurant.
나는 좋은 음식점을 찾아 인터넷을 검색했다.

4 The scientist _____ a new kind of frog.
그 과학자는 새로운 종류의 개구리를 발견했다.

5 In many _____, science gives answers to problems.
많은 경우, 과학은 문제에 대한 해답을 준다.

MP3 듣기

✦ 환경과 문제

781 • environment
[inváiərənmənt]

ⓝ 환경

We need to keep our **environment** clean.
우리는 **환경**을 깨끗하게 유지해야 한다.

---

782 • air
[éər]

ⓝ 공기, 대기

clean and fresh **air** 깨끗하고 신선한 **공기**
We cannot live without **air**.
우리는 **공기** 없이 살 수 없다.

---

783 • fire
[fáiər]

ⓝ 불; 화재

forest **fires** 산불
The **fire** destroyed the village.
화재가 마을을 파괴했다.

---

784 global warming

지구 온난화

Global warming makes summer hotter.
지구 온난화는 여름을 더 덥게 만든다.

---

785 • cover
[kávər]

ⓥ 1 덮다 2 가리다

Thick fog **covered** the road.
짙은 안개가 도로를 **뒤덮었다**.

When the air is bad, **cover** your nose and mouth.
공기가 나쁠 때 코와 입을 **가려라**.

✦ 환경오염 원인

786 • bury
[béri]

ⓥ 묻다

Some waste is **buried** in the ground.
일부 폐기물은 땅속에 **매립된다**.

🔖 to put or hide something under the ground
(땅 밑에 무언가를 두거나 숨기다)

787 • **smoke**
[smouk]

🔘 연기　 ❤ 1 연기를 뿜다　 2 담배 피우다

Some cars send harmful **smoke** into the air.
일부 자동차는 유해 **연기**를 대기 중으로 내보낸다.

He doesn't **smoke**. 그는 **담배를 피우지** 않는다.

788 • **float**
[flout]

❤ (물 위에) 뜨다; 떠가다

Some plastics are **floating** in the river.
일부 플라스틱들이 강에 **떠다니고 있다**.

✦ 환경 보호

789 • **protect**
[prətékt]

❤ 보호하다, 지키다

We should **protect** the environment.
우리는 환경을 **보호해야** 한다.

📖 to keep someone or something safe

790 • **energy**
[énərdʒi]

🔘 에너지; 에너지원

solar **energy** 태양 **에너지**

Use less **energy** to protect nature.
자연을 보호하기 위해 **에너지**를 덜 사용해라.

791 • **recycle**
[riːsáikl]

❤ 재활용하다

You can **recycle** paper, cans, and bottles.
종이, 깡통, 병을 **재활용할** 수 있다.

792 • **trash**
[træʃ]

🔘 쓰레기　 🟰 waste

Try not to create too much **trash**.
너무 많은 **쓰레기**를 만들지 않도록 해라.

✦ 우주

793 • **space**
[speis]

🔘 1 공간　 2 우주

enough **space** 충분한 **공간**

Someday, we will travel to **space**.
언제가 우리는 **우주**로 여행을 갈 것이다.

794 • hole
[houl]

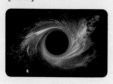

ⓝ 구멍, 홀; 구덩이

There are black **holes** in space.
우주에는 블랙**홀**이 있다.

I found a **hole** in my socks.
나는 내 양말에 **구멍**을 발견했다.

---

795 • be made up of

～로 구성되다

The sun **is made up of** many gases.
태양은 많은 기체로 **구성되어 있다**.

---

796 • Earth
[əːrθ]

ⓝ 지구

Earth is the third planet from the sun.
지구는 태양으로부터 세 번째 행성이다.

★ 우주의 행성으로서 지구를 나타낼 때는 보통 첫 글자를 대문자로 쓴다.

---

797 • moon
[muːn]

ⓝ 달, 위성

Jupiter has almost 100 **moons**.
목성은 거의 백 개의 **위성**을 가지고 있다.

---

798 • shine
[ʃain]

shine–shone/shined–shone/shined

ⓥ 빛나다, 비치다

The stars are **shining** brightly.
별들이 밝게 **빛나고 있다**.

---

799 • light
[lait]

ⓝ 1 빛 2 (전)등 ⓐ 가벼운 ⟷heavy 무거운

The sun's **light** travels through space.
태양 **빛**은 우주를 통해 이동한다.

light wood and heavy stone **가벼운** 나무와 무거운 돌

---

800 • rocket
[ráːkit]

ⓝ 로켓

We need a **rocket** to go to the moon.
달에 가려면 우리는 **로켓**이 필요하다.

Daily Check-up

학습 Check	MP3 듣기	본문 학습	Daily Check-up	누적 테스트 Days 39-40	Review Test/Plus

A 빈칸에 알맞은 우리말 뜻 또는 영어를 써넣어 워드맵을 완성하시오.

환경과 우주

환경과 문제

1 _____
환경

2 _____
air

3 _____
불; 화재

4 _____
global warming

5 _____
덮다; 가리다

환경오염 원인

6 _____
bury

7 _____
연기; 연기를 뿜다

8 _____
뜨다; 떠가다

환경 보호

9 _____
protect

10 _____
에너지(원)

11 _____
trash

12 _____
재활용하다

우주

13 _____
우주

14 _____
hole

15 _____
~로 구성되다

16 _____
Earth

17 _____
달, 위성

18 _____
shine

19 _____
로켓

20 _____
light

B 우리말을 참고하여 문장을 완성하시오. (필요하면 단어 형태를 바꾸시오.)

1 We need to keep our _____ clean.
우리는 환경을 깨끗하게 유지해야 한다.

2 Global _____ makes summer hotter.
지구 온난화는 여름을 더 덥게 만든다.

3 You can _____ paper, cans, and bottles.
종이, 깡통, 병을 재활용할 수 있다.

4 The sun is _____ many gases.
태양은 많은 기체로 구성되어 있다.

5 Some plastics are _____ in the river.
일부 플라스틱들이 강에 떠다니고 있다.

A 들려주는 영어 단어와 어구를 쓴 후 우리말 뜻을 쓰시오.

영단어	뜻	영단어	뜻
1		2	
3		4	
5		6	
7		8	
9		10	
11		12	
13		14	
15		16	
17		18	
19		20	

B 밑줄 친 단어의 동의어(=) 또는 반의어(↔)를 골라 쓰시오.

보기	war country finally poor

1 Monaco is a small <u>nation</u> in Europe. = _____

2 <u>At last</u>, she won first prize. = _____

3 <u>Peace</u> brings people together. ↔ _____

4 My dad was born into a <u>rich</u> family. ↔ _____

C 다음 영영 풀이에 해당하는 알맞은 단어를 골라 쓰시오.

보기	repeat	member	produce	invent

1 to make or grow something   _____

2 to do or say something again   _____

3 a person who is a part of a group   _____

4 to create something for the first time   _____

D 다음 그림을 보고, 해당하는 단어와 연결하시오.

1    **2**   **3**   **4**

waste   machine   prize   Earth

E 다음을 읽고, 두 문장에 공통으로 들어갈 단어를 골라 쓰시오.

보기	care	space	own	light

1 There is no air in _____.

My room doesn't have _____ for a bed.

2 The bright _____ was coming from a lamp.

The box is _____, so I can move it.

✿ 예문에서 뽑은 최중요 핵심 표현

핵심 표현 다시 점검하며 빈칸 완성해 보기

1 **take a trip (to)**　　(~로) 여행을 가다

I'm going to _____ to Gyeongju.
나는 경주로 **여행을 갈** 것이다.

2 **get lost**　　길을 잃다

It's easy to _____ when you travel.
여행할 때 **길을 잃기** 쉽다.

3 **go to the movies**　　영화 보러 가다

Let's go _____.
영화 보러 가자.

4 **play the role (of)**　　(~의) 역할을 하다

The actor _____ of a soldier.
그 배우는 군인 **역할을 했다**.

5 **in a line**　　일렬로, 한 줄로

Ants often travel _____.
개미는 흔히 **줄지어** 이동한다.

6 **fall to the ground**　　땅에 떨어지다

Things fall _____.
사물은 **땅으로** 떨어진다.

7 **on business**　　사업차, 업무차

She traveled to China _____.
그녀는 **사업차** 중국에 갔다.

222 ★ VOCA PLANNER

8 save _A_ from _B_   A를 B로부터 구하다

He _____ me _____ danger.
그는 나를 위험**으로부터 구해주었다.**

9 focus on   ~에 집중하다; ~에 중점을 두다

The media often _____ famous people.
매체는 흔히 유명인에 **집중한다.**

10 care for   ~를 돌보대[보살피다]

I _____ my sick dog.
나는 내 아픈 개를 **돌봤다.**

✿ 발음이나 철자가 유사한 혼동어

613 **band** [bænd] ⓝ 악단, 밴드 | **bend** [bend] ⓥ 굽히다; 구부리다

★ 유사해 보이는 두 단어의 모음 철자 차이와 뜻 차이에 유의하자.

671 **sea** [siː] ⓝ 바다 | 313 **see** [siː] ⓥ 보다; 알다, 이해하다

★ 두 단어는 발음은 동일하지만 철자와 뜻이 다르다.

737 **rich** [rɪtʃ] ⓐ 부유한, 부자인 | 078 **reach** [riːtʃ] ⓥ ~에 도착[도달]하다

★ 두 단어의 발음은 거의 같지만 철자와 뜻이 다른 것에 유의하자.

775 **prize** [praɪz] ⓝ 상, 상품 | 516 **price** [praɪs] ⓝ 가격, 값

★ 유사해 보이는 두 단어의 철자 z, c 차이에 따른 발음과 뜻 차이에 유의하자.

정답   1 take a trip 2 get lost 3 to the movies 4 played the role 5 in a line 6 to the ground
7 on business 8 saved, from 9 focuses on 10 cared for

Answer Key

Daily Check-up

PLAN 1 개인 생활 ·····

DAY 1 · 사람
p.15

A 1 person 2 사람들; 국민 3 every
4 age 5 젊은, 어린 6 old 7 baby
8 아이, 어린이; 농담하다 9 teenager
10 어른, 성인 11 (성인) 여자, 여성 12 man
13 female 14 cute 15 예쁜, 귀여운; 꽤;
아주 16 beautiful 17 잘생긴, 멋진
18 tall 19 뚱뚱한, 살찐 20 look like

B 1 age 2 cute 3 look like 4 people
5 adults

DAY 2 · 감정
p.19

A 1 feel 2 like 3 행복한; 즐거운 4 glad
5 신이 난, 흥분한 6 surprised
7 자랑스러운, 자랑스러워하는 8 have fun
9 슬픈 10 cry 11 tear
12 두려워하는, 무서워하는 13 worried
14 (몹시) 싫어하다, 미워하다 15 angry
16 sorry 17 지루해하는 18 lonely
19 이상한; 낯선 20 thank

B 1 proud 2 cried 3 surprised 4 lonely
5 angry

DAY 3 · 성격과 태도
p.23

A 1 kind 2 친절한; 다정한 3 smile
4 웃는; 재미있는 5 lively 6 laugh
7 용감한 8 on one's own 9 quiet
10 차분한, 침착한 11 honest 12 조심하는,
신중한 13 wise 14 영리한, 총명한 15 lie
16 foolish 17 어리석은, 멍청한 18 lazy
19 소리치다, 외치다 20 give up

B 1 calm 2 careful 3 laugh 4 give up
5 her own

DAY 4 · 관심
p.27

A 1 취미 2 be interested in 3 즐기다
4 favorite 5 인기 있는 6 be good at
7 자유로운; 한가한; 무료의 8 play
9 수집하다, 모으다 10 build
11 보다, 지켜보다; 손목시계 12 spend
13 swim 14 dream 15 목표, 목적; 골
16 wish 17 계획하다; 계획 18 reach
19 노력하다; 시도하다 20 come true

B 1 favorite 2 free 3 collects
4 come true 5 dreamed

Review Test
pp.28-29

A 1 brave 용감한 2 handsome 잘생긴, 멋진
3 spend (돈을) 쓰다; (시간을) 보내다
4 honest 정직한; 솔직한 5 quiet 조용한,
고요한 6 come true 실현되다, 이루어지다
7 proud 자랑스러운, 자랑스러워하는
8 have fun 즐기다, 즐거운 시간을 보내다
9 clever 영리한, 총명한 10 hobby 취미
11 person (개개의) 사람, 개인 12 bored
지루해하는 13 afraid 두려워하는,
무서워하는 14 popular 인기 있는
15 collect 수집하다, 모으다 16 strange
이상한; 낯선 17 teenager 십대
18 give up 포기하다 19 surprised 놀란
20 on one's own 혼자서; 혼자 힘으로

B 1 stupid 2 friendly 3 happy 4 female

C 1 lively 2 adult 3 lonely 4 goal

D 1 build 2 laugh 3 swim 4 cry

E 1 shout 2 beautiful 3 interested
4 excited

Daily Check-up

PLAN 2 가정생활

DAY 5 · 가족
p.35

A 1 가족, 가정 2 home 3 살다
4 together 5 부모 6 child 7 아들
8 daughter 9 sister 10 형, 오빠, 남동생
11 fall in love with 12 결혼하다
13 husband 14 아내 15 be born
16 (들어) 올리다; 기르다, 키우다 17 aunt
18 삼촌 19 cousin 20 say hello to

B 1 together 2 marry 3 was born
4 say hello 5 sister

DAY 6 · 일상
p.39

A 1 get up 2 wash 3 먹다 4 brush
5 아침 식사 6 dinner 7 목욕
8 go to bed 9 청소하다; 깨끗한 10 cook
11 함께 쓰다; 나누다 12 take out
13 먹이를 주다 14 water 15 고치다,
수리하다 16 walk 17 돕다; 도움
18 diary 19 (늦게까지) 깨어 있다
20 turn off

B 1 get up 2 dinner 3 clean 4 take out
5 Turn off

DAY 7 · 집
p.43

A 1 house 2 지붕 3 garden 4 담, 울타리
5 침실 6 living room 7 욕실, 화장실
8 kitchen 9 문 10 window 11 바닥;
(건물의) 층 12 stair 13 벽 14 thing
15 furniture 16 거울 17 curtain 18 시계
19 umbrella 20 사다리

B 1 garden 2 stairs 3 living room
4 things 5 mirror

DAY 8 · 음식
p.47

A 1 food 2 식사 3 snack 4 마시다; 음료
5 scissors 6 칼 7 (우묵한) 그릇, 사발
8 plate 9 bottle 10 유리; 유리컵; 한 잔
11 fork 12 젓가락 13 맛있는 14 fresh
15 소금 16 sugar 17 후추; 고추; 피망
18 bake 19 boil 20 (기름에) 굽다, 튀기다

B 1 Boil 2 scissors 3 bottle 4 fresh
5 meals

Review Test
pp.48-49

A 1 raise (들어) 올리다; 기르다, 키우다
2 umbrella 우산 3 bedroom 침실
4 daughter 딸 5 dinner 저녁 식사
6 share 함께 쓰다; 나누다 7 get up
(잠자리에서) 일어나다 8 bottle 병
9 fence 담, 울타리 10 breakfast 아침 식사
11 parent 부모 12 floor 바닥; (건물의) 층
13 stay up (늦게까지) 깨어 있다
14 meal 식사 15 together 함께, 같이
16 scissors 가위 17 aunt 고모, 이모, 숙모
18 turn off ~을 끄다 19 be born 태어나다
20 fall in love with ~와 사랑에 빠지다

B 1 salt 2 marry 3 tasty 4 bake

C 1 cousin 2 snack 3 roof 4 feed

D 1 mirror 2 fix 3 boil 4 cook

E 1 cleaned 2 furniture 3 fresh
4 husband

Daily Check-up

PLAN 3 학교생활 ···

DAY 9 · 학교   p.57

A 1 학생 2 teacher 3 늦은, 지각한; 늦게
   4 classmate 5 교과서 6 notebook
   7 board 8 메모; 필기, 기록 9 classroom
   10 복도; 홀, 회관 11 playground
   12 도서관 13 class 14 과목 15 math
   16 과학 17 history 18 음악
   19 language 20 art

B 1 late 2 notes 3 classroom 4 history
   5 languages

DAY 10 · 교육   p.61

A 1 elementary 2 중간의, 한가운데의; 중앙
   3 enter 4 시작하다 5 finish 6 끝나다
   7 배우다 8 read 9 쓰다 10 explain
   11 듣다, 귀 기울이다 12 question
   13 묻다, 질문하다; 요청하다 14 answer
   15 시험 16 problem 17 solve 18 쉬운
   19 difficult 20 학년; 성적

B 1 enter 2 finished 3 explain 4 solve
   5 difficult

DAY 11 · 학습과 친구   p.65

A 1 study 2 확인하다, 점검하다
   3 homework 4 노력 5 excellent
   6 깨어지다; 부수다; 고장 나다; 휴식 (시간)
   7 hard 8 hand in 9 친구를 사귀다
   10 get along with 11 싸우다 12 close
   13 같은, 동일한 14 different 15 영원히
   16 nickname 17 call 18 농담; 농담하다
   19 still 20 after school

B 1 effort 2 get along 3 same 4 forever
   5 after school

Review Test

pp.66-67

A 1 classroom 교실 2 enter 들어가다;
   입학하다 3 library 도서관 4 math 수학
   5 hand in ~을 제출하다 6 language 언어
   7 excellent 우수한, 훌륭한 8 write 쓰다
   9 learn 배우다 10 effort 노력 11 answer
   대답하다; 답, 대답 12 make friends 친구를
   사귀다 13 elementary 초보의; 초등학교의
   14 homework 숙제 15 be over 끝나다
   16 history 역사 17 subject 과목
   18 get along with ~와 잘 지내다
   19 question 질문; (시험 등의) 문제
   20 after school 방과 후에

B 1 difficult 2 finish 3 close 4 different

C 1 solve 2 explain 3 classmate
   4 check

D 1 read 2 hall 3 notebook 4 fight

E 1 break 2 grade

Daily Check-up

PLAN 4 사회생활 ···

DAY 12 · 직장과 직업   p.73

A 1 job 2 일하다, 근무하다; 일; 직장
   3 company 4 사무실, 사무소 5 skill
   6 기회; 가능성 7 meeting 8 바쁜, 분주한
   9 succeed 10 실패하다; (시험에) 떨어지다
   11 happen 12 실수, 잘못 13 reporter
   14 군인 15 driver 16 chef 17 농부
   18 police officer 19 소방관 20 designer

B 1 mistake 2 succeeded
   3 Police officers 4 reporter 5 skills

DAY 13 · 의사소통   p.77

A 1 소개하다 2 shake 3 환영하다
4 greet 5 포옹하다, 껴안다 6 guest
7 speak 8 이야기하다, 말하다 9 mean
10 큰 소리로, 시끄럽게 11 send 12 받다
13 message 14 mail 15 chat
16 이해하다 17 nobody 18 거질하다,
거부하다 19 trouble 20 forgive

B 1 understand 2 greeted 3 received
4 mean 5 forgive

DAY 14 · 생각   p.81

A 1 생각하다 2 guess 3 알다; 이해하다
4 remember 5 기억(력); 추억 6 forget
7 decide 8 믿다; 생각하다 9 신뢰하다
10 prefer 11 동의하다 12 clear
13 이유 14 idea 15 조언, 충고
16 tip 17 도움이 되는, 유익한 18 nod
19 선택; 선택권 20 support

B 1 remember 2 decided 3 reason
4 choices 5 nodded

DAY 15 · 규칙과 예절   p.85

A 1 규칙 2 follow 3 가르치다 4 behavior
5 피하다 6 wrong 7 ~ 없이
8 all the time 9 polite 10 부디, 제발;
기쁘게 하다 11 excuse 12 선; 줄
13 important 14 목소리 15 each other
16 (문 등을) 두드리다, 노크하다 17 promise
18 제 시간에, 시간을 어기지 않고 19 wait
20 (시간·날짜를) 미루다, 연기하다

B 1 follow 2 avoid 3 important
4 each other 5 waited

Review Test   pp.86-87

A 1 job 직장, 일, 일자리 2 refuse 거절하다,
거부하다 3 mistake 실수, 잘못 4 prefer
선호하다, 더 좋아하다 5 avoid 피하다
6 wrong 잘못된, 틀린 7 firefighter 소방관
8 choice 선택; 선택권 9 receive 받다
10 company 회사 11 remember 기억하다
12 forget 잊다 13 reason 이유
14 skill 숙련; 기술 15 soldier 군인
16 follow 따라가다[오다]; (지시 등을) 따르다
17 introduce 소개하다
18 put off (시간·날짜를) 미루다, 연기하다
19 important 중요한 20 understand
이해하다

B 1 succeed 2 speak 3 decide
4 helpful

C 1 busy 2 agree 3 forgive 4 polite

D 1 knock 2 farmer 3 promise 4 shake

E 1 clear 2 Please, please(d)

Daily Check-up

PLAN 5 신체와 건강

DAY 16 · 신체   p.95

A 1 body 2 head 3 머리카락; 털
4 tooth 5 tongue 6 목 7 shoulder
8 팔 9 finger 10 다리 11 knee 12 발
13 see 14 듣다, 들리다 15 ~처럼 들리다;
소리 16 smell 17 만지다 18 taste
19 배고픈 20 thirsty

B 1 knees 2 tongue 3 fingers 4 smell
5 thirsty

DAY 17 · 행동과 동작
p.99

A **1** sleep **2** (잠에서) 깨다; 깨우다 **3** put on
4 ~을 벗다 **5** sit **6** 서다, 서 있다
7 push **8** 끌다, 잡아당기다 **9** hold
10 나르다, 운반하다; 가지고 다니다
11 bring **12** 떨어뜨리다; 떨어지다
13 움직이다; 옮기다, 이사하다 **14** step
15 뛰다, 뛰어오르다 **16** swing
17 (손 등을) 흔들다; 파도 **18** climb
19 빠른; 빨리 **20** slowly

B **1** moved **2** Hold **3** take off **4** climb
5 slowly

DAY 18 · 운동
p.103

A **1** 축구 **2** baseball **3** 배구 **4** marathon
5 스키를 타다 **6** skate **7** exercise
8 때리다, 치다 **9** catch **10** 던지다
11 kick **12** 튀다; 튀어 오르다 **13** team
14 선수, 참가자 **15** join **16** 이기다;
(승리·상품 등을) 획득하다 **17** lose
18 요점; 점수; 가리키다 **19** final
20 medal

B **1** skate **2** exercise **3** catch **4** joined
5 final

DAY 19 · 건강
p.107

A **1** 아픈, 병든 **2** weak **3** 피곤한, 지친
4 hurt **5** 두통 **6** runny nose **7** 심장
8 catch a cold **9** health **10** 버릇; 습관
11 hospital **12** 간호사 **13** dentist
14 즉시, 당장 **15** early **16** relax
17 dangerous **18** 안전한 **19** die
20 제거하다, 치우다

B **1** catches a cold **2** Relax **3** health
4 died **5** hurt

Review Test
pp.108-109

A **1** sleep 잠자다; 잠, 수면 **2** tooth 이, 치아
3 join 가입하다; 함께하다, 합류하다
4 smell 냄새가 나다; 냄새 맡다; 냄새, 향
5 headache 두통 **6** thirsty 목마른
7 put on ~을 입다[쓰다/신다] **8** marathon
마라톤 **9** drop 떨어뜨리다; 떨어지다
10 climb 오르다, 올라가다 **11** taste 맛을
보다; ~ 맛이 나다; 맛 **12** habit 버릇; 습관
13 exercise 운동; 운동하다 **14** throw
던지다 **15** shoulder 어깨 **16** sick 아픈,
병든 **17** take off ~을 벗다 **18** volleyball
배구 **19** relax 휴식을 취하다; 긴장을 풀다
20 remove 제거하다, 치우다

B **1** lose **2** Pull **3** fast **4** dangerous

C **1** knee **2** wave **3** hold **4** bounce

D **1** tongue **2** skate **3** kick **4** tired

E **1** hungry **2** catch a cold **3** final
4 health

Daily Check-up

PLAN 6 장소와 위치 ·················

DAY 20 · 장소
p.115

A **1** place **2** 은행 **3** post office **4** 동물원
5 park **6** 쇼핑센터, 쇼핑몰 **7** tower
8 서점 **9** 소도시, 읍 **10** hometown
11 제과점, 빵집 **12** apartment **13** 시장
14 change **15** on one's way to
16 street **17** 더러운 **18** noisy **19** 건너다,
가로지르다 **20** crowded

B **1** post office **2** park **3** changed
4 street **5** crowded

DAY 21 · 방향과 위치　　p.119

A　1 east　2 서쪽; 서쪽의　3 south
4 북쪽; 북쪽의　5 right　6 왼쪽의; 왼쪽으로
7 ~ 아래에, ~의 바로 밑에　8 in front of
9 ~의 뒤에　10 between
11 ~의 사이에(서), (여럿) 중에서　12 next to
13 ~ 주위에, 빙 둘러　14 along
15 ~에서 가까이; 가까운; 가까이　16 far
17 꼭대기, 맨 위　18 bottom　19 구석,
모퉁이　20 inside

B　1 east　2 left　3 in front of　4 around
5 bottom

DAY 22 · 교통　　p.123

A　1 road　2 다리, 교량　3 tunnel
4 표지판; 서명하다　5 stop　6 train
7 비행기　8 subway　9 boat　10 자전거
11 motorcycle　12 좌석, 자리　13 airport
14 정거장, 역　15 운전하다　16 ride
17 ~에 타다, 승차하다　18 get off
19 ~를 (차에) 태우러 가다[태우다]
20 on foot

B　1 road　2 subway　3 riding　4 on foot
5 sign

Review Test　　pp.124-125

A　1 place 장소, 곳　2 bookstore 서점
3 along ~을 따라　4 road 도로, 길
5 market 시장　6 noisy 시끄러운
7 street 거리, 도로　8 park 공원; 주차하다
9 west 서쪽; 서쪽의　10 left 왼쪽의;
왼쪽으로　11 far 멀리; 떨어져; 먼, 멀리 있는
12 bakery 제과점, 빵집　13 inside
~의 안에; 내부; 안에　14 airport 공항
15 sign 표지판; 서명하다　16 drive
운전하다　17 next to ~ 바로 옆에

18 on foot 걸어서, 도보로
19 get off ~에서 내리다, 하차하다
20 on one's way to ~로 가는 중[길]에

B　1 north　2 behind　3 dirty　4 top

C　1 crowded　2 seat　3 hometown
4 station

D　1 zoo　2 subway　3 corner　4 bridge

E　1 cross　2 between　3 motorcycle
4 pick up

Daily Check-up

DAY 23 · 사물　　p.133

A　1 shape　2 형태, 모양; 형성하다; ~로 만들다
3 점　4 circle　5 삼각형　6 square
7 color　8 colorful　9 어두운; 짙은
10 bright　11 긴　12 짧은; 키가 작은
13 high　14 낮은; 낮게　15 large
16 부드러운, 연한　17 sharp　18 깊은; 깊이,
깊게　19 wet　20 마른, 건조한; 말리다;
마르다

B　1 (s)hapes　2 bright　3 low　4 sharp
5 wet

DAY 24 · 수와 양　　p.137

A　1 number　2 단 하나의; 1인용의
3 hundred　4 첫 번째의; 최초의; 첫째로;
우선　5 second　6 third　7 한 번
8 twice　9 모든; 모두　10 half
11 둘 다의; 둘 다　12 each　13 some
14 일부, 약간; 부분　15 cut　16 many
17 much　18 (수가) 약간의, 몇몇의
19 (양이) 약간의, 조금의　20 nothing

B　1 numbers　2 first　3 half　4 part
5 a little

DAY 25 · 시간
p.141

A
1 분; 잠깐 2 hour 3 날짜 4 afternoon
5 저녁 6 tonight 7 끝; 끝나다
8 주, 일주일 9 month 10 해, 1년; 나이
11 soon 12 ~ 동안[내내] 13 past
14 현재; 선물; 현재의, 오늘날의 15 future
16 어제 17 tomorrow 18 항상, 언제나
19 usually 20 흔히, 자주

B
1 present 2 month 3 ended
4 tomorrow 5 always

pp.142-143

A
1 shape 모양, 형태 2 many (수가) 많은;
다수 3 past 과거; 과거의; 지난
4 yesterday 어제 5 colorful 색채가 풍부한,
다채로운 6 once 한 번 7 tonight
오늘 밤에; 오늘 밤 8 month 달, 월
9 always 항상, 언제나 10 half 반, 절반
11 form 형태, 모양; 형성하다, ~로 만들다
12 hour 한 시간; 시간 13 present 현재;
선물; 현재의, 오늘날의 14 hundred 백,
100; 100의 15 a few (수가) 약간의, 몇몇의
16 third 세 번째의; 세 번째로 17 square
정사각형 18 during ~ 동안[내내]
19 usually 보통, 대개 20 twice 두 번

B
1 high 2 hard 3 ended 4 short

C
1 bright 2 wet 3 both 4 often

D
1 triangle 2 a little 3 number 4 sharp

E
1 part 2 minutes 3 future 4 nothing

Daily Check-up

PLAN 8 특별한 날 ·········

DAY 26 · 쇼핑
p.149

A
1 shop 2 상점, 가게 3 sell 4 판매;
할인 판매 5 ~을 찾다[구하다] 6 try on
7 중고의 8 anything else 9 또 하나의
것; 다른 것; 또 하나의; 다른 10 choose
11 고르다; 선발하다 12 really 13 단순한,
간단한 14 look good on 15 사다,
구입하다 16 price 17 지불하다
18 cheap 19 값비싼 20 coupon

B
1 (c)hoose 2 try on 3 sale 4 good on
5 cheap

DAY 27 · 패션
p.153

A
1 shirt 2 바지 3 jacket 4 반바지
5 skirt 6 dress 7 한 벌; 한 쌍 8 fashion
9 design 10 유형, 종류 11 model
12 사랑스러운, 귀여운 13 these days
14 wear 15 목걸이 16 earring 17 양말
18 glove 19 주머니 20 button

B
1 fashion 2 skirts 3 These days
4 Wear 5 gloves

DAY 28 · 행사
p.157

A
1 event 2 생일 3 special 4 결혼(식)
5 parade 6 축제 7 take place 8 invite
9 card 10 준비하다 11 ready 12 (양)초
13 방문하다 14 host 15 채우다, 메우다
16 gather 17 선물 18 mask
19 박수를 치다, 손뼉을 치다 20 last

B
1 special 2 take place 3 last 4 ready
5 invite

DAY 29 · 외식
p.161

A 1 외식하다 2 restaurant 3 예약하다; 책
4 full 5 요리법, 조리법 6 order
7 규칙적인; 정기적인; (크기가) 보통의
8 menu 9 waiter 10 (음식을) 제공하다,
차려 내다 11 quick 12 계산서, 청구서
13 delicious 14 접시; 요리 15 steak
16 sauce 17 수프, 국 18 bread 19 차
20 dessert

B 1 full 2 quick 3 order 4 dessert
5 restaurant

Review Test
pp.162-163

A 1 full 가득 찬; 배부른 2 pair 한 벌; 한 쌍
3 special 특별한 4 choose 고르다,
선택하다 5 fashion 유행, 패션 6 try on
입어[신어] 보다 7 wear 입고[쓰고/신고]
있다 8 gather 모이다, 모으다
9 glove 장갑 10 book 예약하다; 책
11 visit 방문하다 12 festival 축제
13 ready 준비된 14 delicious 아주 맛있는
15 bread 빵, 식빵 16 these days
요즘(에는) 17 eat out 외식하다
18 order 주문; 명령하다; 주문하다
19 take place 열리다, 개최되다 20 regular
규칙적인; 정기적인; (크기가) 보통의

B 1 cheap 2 bought 3 slow 4 guest

C 1 invite 2 select 3 model 4 dessert

D 1 necklace 2 pants 3 gift 4 wedding

E 1 prepare 2 price 3 lasts 4 recipe

DAY 30 · 여가 생활
p.171

A 1 travel 2 (짧은) 여행 3 관광, 여행
4 world 5 국가, 나라 6 camping
7 낚시 8 vacation 9 휴일, 공휴일; 휴가
10 pack 11 (사용료를 내고) 빌리다
12 leave 13 도착하다 14 ~에 도착하다
15 stay 16 take a picture of 17 지도
18 wonderful 19 풍경, 경치; 견해, 생각
20 lost

B 1 traveled 2 packed 3 (v)acation
4 leave 5 lost

DAY 31 · 음악과 미술
p.175

A 1 musical 2 음악가 3 pianist 4 violin
5 노래 6 singer 7 artist 8 창작하다,
창조하다 9 famous 10 concert
11 춤, 무용; 춤을 추다 12 show
13 band 14 마법, 마술 15 sketch
16 (연필·펜 등으로) 그리다 17 (물감으로)
그리다; 페인트칠하다; 물감; 페인트
18 crayon 19 canvas
20 모습; 이미지, 인상

B 1 drawing 2 musical 3 singers
4 show 5 famous

DAY 32 · 문학과 영화
p.179

A 1 novel 2 시 3 essay 4 drama
5 신비; 수수께끼; 추리 소설 6 comedy
7 희망, 소망; 바라다, 기대하다 8 story
9 단어, 낱말; 말 10 hero 11 비밀
12 run away 13 여왕 14 in the end
15 movie 16 영화; 촬영하다 17 actor
18 여배우 19 background 20 역할; 배역

B 1 poem 2 background 3 role
4 ran away 5 hero

DAY 33 · 중요 연결어와 어구　p.183

A **1** 그래서; 매우, 정말; 그렇게 **2** because
3 while **4** 그때; 그 다음에 **5** actually
6 갑자기 **7** exactly **8** 아마, 어쩌면
9 또한, ~도 **10** too **11** ~도 또한 (··· 않다)
12 just **13** 약, 대략; ~에 대한[관한]
14 only **15** 예를 들어 **16** by the way
17 어쨌든 **18** and so on **19** 더 이상,
이제는 **20** at the same time

B **1** Anyway **2** because **3** exactly
4 either **5** same time

Review Test
pp.184-185

A **1** vacation 휴가; 방학 **2** arrive 도착하다
3 poem 시 **4** view 풍경, 경치; 견해, 생각
5 show 보여 주다; 공연, 쇼 **6** actually
실제로; 사실은 **7** background 배경
8 hero 영웅; (소설·영화 등의) 남자 주인공
9 anymore 더 이상, 이제는 **10** draw
(연필·펜 등으로) 그리다 **11** in the end
마침내, 결국 **12** actor 배우 **13** role 역할;
배역 **14** exactly 정확히, 꼭 **15** country
국가, 나라 **16** while ~하는 동안(에)
17 travel 여행하다[가다]; 여행 **18** novel
소설 **19** and so on (기타) 등등
20 at the same time 동시에[함께]

B **1** singer **2** musical **3** comedy
4 suddenly

C **1** create **2** stay **3** secret **4** holiday

D **1** fishing **2** queen **3** paint **4** concert

E **1** lost **2** By the way **3** famous
4 for example

Daily Check-up

DAY 34 · 자연과 식물　p.191

A **1** nature **2** 하늘 **3** ground **4** 육지; 땅;
착륙하다 **5** sand **6** 돌, 돌멩이 **7** rock
8 mountain **9** 언덕, 낮은 산 **10** forest
11 sea **12** 해변, 바닷가 **13** river **14** 호수
15 pond **16** tree **17** 나무, 목재; 숲
18 flower **19** 잎, 나뭇잎 **20** fruit

B **1** ground **2** (f)orest **3** rivers **4** leaves
5 rock

DAY 35 · 동물　p.195

A **1** animal **2** 젖소, 암소 **3** mouse **4** 늑대
5 monkey **6** 기린 **7** elephant **8** insect
9 개미 **10** bee **11** 거미 **12** snake
13 (새·곤충이) 날다; 비행하다 **14** hunt
15 숨기다; 숨다 **16** lay **17** 둥지
18 speed **19** 꼬리 **20** fur

B **1** Insects **2** Wolves **3** animals
4 nests **5** lay

DAY 36 · 날씨와 계절　p.199

A **1** weather **2** fine **3** 화창한, 햇살이
내리쬐는 **4** rainy **5** 눈; 눈이 내리다
6 fog **7** 구름 **8** cloudy **9** windy
10 소나기; 샤워(하기) **11** rainbow
12 season **13** spring **14** 여름
15 가을; 떨어지다 **16** winter **17** cold
18 더운, 뜨거운 **19** cool **20** 따뜻한

B **1** warm **2** shower **3** fog **4** weather
5 season

pp.200-201

A 1 lake 호수 **2** giraffe 기린 **3** sand 모래
4 fine 좋은; 건강한; 맑은 **5** speed 속도
6 forest 숲, 삼림 **7** land 육지; 땅; 착륙하다
8 animal 동물 **9** weather 날씨
10 ground 지면, 바닥; 땅 **11** wolf 늑대
12 warm 따뜻한 **13** spider 거미
14 fly (새·곤충이) 날다; 비행하다
15 lay 놓다[두다]; (알을) 낳다 **16** fall 가을;
떨어지다 **17** fruit 과일; 열매 **18** fog 안개
19 cloud 구름 **20** mountain 산

B 1 hunt **2** windy **3** nature **4** snow

C 1 shower **2** insect **3** beach **4** hill

D 1 river **2** rock **3** leaf **4** tail

E 1 hide **2** nest **3** flowers **4** season

Daily Check-up

PLAN 11 사회·과학·환경 ················

DAY 37 · 산업과 경제
p.207

A 1 farm **2** 들판, 밭 **3** grow **4** 쌀, 밥; 벼
5 vegetable **6** 옥수수 **7** 물고기; 생선;
낚시하다 **8** ship **9** 돼지 **10** sheep
11 goat **12** 공장 **13** produce **14** 기계
15 business **16** 빌려주다 **17** rich
18 가난한; 불쌍한; (질적으로) 좋지 못한
19 save **20** 낭비하다; 낭비; 쓰레기, 폐기물

B 1 grow **2** factory **3** fish **4** produce
5 lent

DAY 38 · 사회
p.211

A 1 society **2** 문화 **3** nation **4** 지역의,
현지의 **5** believe in **6** 자기 자신의;
고유한; 소유하다 **7** be from **8** news
9 보도하다; 보고하다; 보도; 보고(서)
10 media **11** 강하게, 강력히 **12** law
13 make fun of **14** 전쟁 **15** peace
16 group **17** 구성원; 회원 **18** belong
19 궁핍한, 어려움에 처한 **20** care

B 1 local **2** reported **3** in need **4** fun of
5 belongs

DAY 39 · 과학
p.215

A 1 scientist **2** 궁금하다; 경이, 놀라움
3 test **4** 반복하다, 되풀이하다 **5** mix
6 결과 **7** case **8** discover
9 ~을 알아내다[찾아내다] **10** puzzle
11 발명하다 **12** at last **13** 열쇠; (성취의)
비결[열쇠] **14** luck **15** 상, 상품
16 검색하다, 찾아보다 **17** 딸깍 소리가 나다;
(마우스를) 클릭하다[누르다] **18** file
19 올리다, 게시하다 **20** online

B 1 wondered **2** At last **3** searched
4 discovered **5** cases

DAY 40 · 환경과 우주
p.219

A 1 environment **2** 공기, 대기 **3** fire
4 지구 온난화 **5** cover **6** 묻다 **7** smoke
8 float **9** 보호하다, 지키다 **10** energy
11 쓰레기 **12** recycle **13** space
14 구멍, 홀; 구덩이 **15** be made up of
16 지구 **17** moon **18** 빛나다, 비치다
19 rocket **20** 빛; (전)등; 가벼운

B 1 environment **2** warming **3** recycle
4 made up of **5** floating

pp.220-221

A **1** field 들판, 밭 **2** culture 문화 **3** save
(재난·위험 등에서) 구하다; 저축하다
4 society 사회 **5** local 지역의, 현지의
6 report 보도하다; 보고하다; 보도; 보고(서)
7 discover 발견하다 **8** law 법 **9** result
결과 **10** in need 궁핍한, 어려움에 처한
11 factory 공장 **12** mix 섞다, 혼합하다
13 belong 속하다 **14** vegetable 채소
15 search 검색하다, 찾아보다
16 believe in ~(의 존재)를 믿다
17 environment 환경 **18** bury 묻다
19 recycle 재활용하다 **20** protect
보호하다, 지키다

B **1** country **2** Finally **3** War **4** poor
C **1** produce **2** repeat **3** member
4 invent
D **1** Earth **2** waste **3** prize **4** machine
E **1** space **2** light

Index

classmate	54	decide	79	enjoy	24
classroom	55	deep	132	enter	58
clean	37	delicious	159	environment	216
clear	79	dentist	105	essay	176
clever	21	design	151	evening	138
click	214	designer	72	event	154
climb	98	dessert	160	every	12
clock	42	diary	38	exactly	181
close	63	die	106	exam	60
cloud	197	different	64	excellent	62
cloudy	197	difficult	60	excited	16
cold	198	dinner	36	excuse	83
collect	25	dirty	114	exercise	101
color	131	discover	213	expensive	148
colorful	131	dish	160	explain	59
come true	26	door	41		
comedy	176	dot	130		
company	70	drama	176	**F**	
concert	173	draw	174	factory	205
cook	37	dream	26	fail	71
cool	198	dress	150	fall	198
corn	204	drink	44	fall in love with	33
corner	118	drive	122	family	32
country	168	driver	72	famous	173
coupon	148	drop	97	far	118
cousin	34	dry	132	farm	204
cover	216	during	139	farmer	72
cow	192			fashion	151
crayon	174			fast	98
create	173	**E**		fat	14
cross	114	each	135	favorite	24
crowded	114	each other	84	feed	37
cry	17	early	106	feel	16
culture	208	earring	152	female	13
curtain	42	Earth	218	fence	40
cut	136	east	116	festival	154
cute	14	easy	60	field	204
		eat	36	fight	63
D		eat out	158	file	214
dance	173	effort	62	fill	156
dangerous	106	either	181	film	178
dark	131	elementary	58	final	102
date	138	elephant	192	find out	213
daughter	33	end	139	fine	196
		energy	217	finger	93

kind	20		low	132		musical	172
kitchen	41		luck	214		musician	172
knee	93					mystery	176
knife	44		**M**				
knock	84					**N**	
know	78		machine	206			
			magic	174		nation	208
L			mail	75		nature	188
			make friends	63		near	118
ladder	42		make fun of	209		neck	92
lake	190		mall	112		necklace	152
land	188		man	13		nest	194
language	56		many	136		news	209
large	132		map	170		next to	117
last	156		marathon	100		nickname	64
late	54		market	113		nobody	76
laugh	20		marry	33		nod	80
law	209		mask	156		noisy	114
lay	194		math	56		north	116
lazy	22		maybe	181		note	55
leaf	190		meal	44		notebook	54
learn	59		mean	75		nothing	136
leave	169		medal	102		novel	176
left	116		media	209		number	134
leg	93		meeting	71		nurse	105
lend	206		member	210			
library	55		memory	78		**O**	
lie	22		menu	159			
light	218		message	76		office	70
like	16		middle	58		often	140
line	83		minute	138		old	12
listen	59		mirror	42		on foot	122
live	32		mistake	71		on one's own	21
lively	20		mix	212		on one's way to	114
living room	41		model	151		on time	84
local	208		monkey	192		once	135
lonely	18		month	139		online	214
long	131		moon	218		only	182
look for	146		motorcycle	121		order	158
look good on	148		mountain	189		own	208
look like	14		mouse	192			
lose	102		move	97		**P**	
lost	170		movie	178			
loudly	75		much	136		pack	169
lovely	151		music	56		paint	174
						pair	150

sign	120	station	121	test	212
simple	147	stay	170	textbook	54
singer	172	stay up	38	thank	18
single	134	steak	160	then	180
sister	33	step	98	these days	151
sit	96	still	64	thing	42
skate	100	stone	188	think	78
sketch	174	stop	120	third	134
ski	100	store	146	thirsty	94
skill	70	story	177	throw	101
skirt	151	strange	18	tip	80
sky	188	street	114	tired	104
sleep	96	strongly	209	together	32
slowly	98	student	54	tomorrow	140
smell	94	study	62	tongue	92
smile	20	stupid	22	tonight	138
smoke	217	subject	56	too	181
snack	44	subway	121	tooth	92
snake	193	succeed	71	top	118
snow	196	suddenly	180	touch	94
so	180	sugar	46	tour	168
soccer	100	summer	198	tower	113
society	208	sunny	196	town	113
sock	152	support	80	train	120
soft	132	surprised	17	trash	217
soldier	72	swim	25	travel	168
solve	60	swing	98	tree	190
some	135			triangle	130
son	33			trip	168
song	172	**T**		trouble	76
soon	139	tail	194	trust	79
sorry	18	take a picture of	170	try	26
sound	94	take off	96	try on	146
soup	160	take out	37	tunnel	120
south	116	take place	155	turn off	38
space	217	talk	75	twice	135
speak	75	tall	14	type	151
special	154	taste	94		
speed	194	tasty	45	**U**	
spend	25	tea	160	umbrella	42
spider	193	teach	82	uncle	34
spring	197	teacher	54	under	117
square	130	team	101	understand	76
stair	41	tear	17	used	147
stand	96	teenager	13		

누적
테스트

★ 빈칸에 알맞은 우리말 뜻 또는 영어를 쓰시오.

Days 1-2

맞은 개수　/30

1	old	16	여자, 여성
2	baby	17	십대
3	man	18	뚱뚱한, 살찐
4	tall	19	모든; 매~
5	sorry	20	감사하다
6	kid	21	여성의; 여성
7	sad	22	두려워하는, 무서워하는
8	adult	23	예쁜, 귀여운; 꽤
9	person	24	~처럼 보이다
10	tear	25	싫어하다, 미워하다
11	age	26	사람들; 국민
12	like	27	놀란
13	handsome	28	아름다운
14	young	29	귀여운, 예쁜
15	cry	30	즐거운 시간을 보내다

Days 2-3

맞은 개수　/30

1	proud	16	행복한; 즐거운
2	smile	17	웃기는; 재미있는
3	lazy	18	친절한; 다정한
4	laugh	19	포기하다
5	kind	20	어리석은; 바보 같은 f
6	worried	21	신이 난, 흥분한
7	wise	22	조용한, 고요한
8	calm	23	혼자서; 혼자 힘으로
9	lonely	24	지루해하는
10	shout	25	거짓말(하다)
11	brave	26	영리한, 총명한 c
12	careful	27	어리석은, 멍청한
13	feel	28	이상한; 낯선
14	glad	29	화가 난, 성난
15	honest	30	활기 넘치는, 활발한

Days 3-4   맞은 개수   /30

1	quiet	_____	16	용감한	_____
2	collect	_____	17	실현되다	_____
3	friendly	_____	18	꿈; 꿈꾸다	_____
4	popular	_____	19	가장 좋아하는	_____
5	be good at	_____	20	바라다; 소원	_____
6	reach	_____	21	목표, 목적	_____
7	be interested in	_____	22	조심하는, 신중한	_____
8	watch	_____	23	정직한; 솔직한	_____
9	foolish	_____	24	자유로운; 한가한; 무료의	_____
10	spend	_____	25	계획하다; 계획	_____
11	enjoy	_____	26	놀다; (운동 등을) 하다	_____
12	clever	_____	27	게으른	_____
13	lie	_____	28	취미	_____
14	try	_____	29	수영하다	_____
15	build	_____	30	차분한, 침착한	_____

Days 4-5   맞은 개수   /30

1	come true	_____	16	~에 관심[흥미]이 있다	_____
2	husband	_____	17	(들어) 올리다; 키우다	_____
3	marry	_____	18	집; 집으로	_____
4	free	_____	19	~을 잘하다	_____
5	brother	_____	20	언니, 누나, 여동생	_____
6	daughter	_____	21	아들	_____
7	live	_____	22	가족, 가정	_____
8	wife	_____	23	~에게 안부를 전하다	_____
9	together	_____	24	~와 사랑에 빠지다	_____
10	child	_____	25	사촌	_____
11	goal	_____	26	인기 있는	_____
12	wish	_____	27	짓다, 세우다	_____
13	be born	_____	28	부모	_____
14	favorite	_____	29	~에 도착[도달]하다	_____
15	uncle	_____	30	고모, 이모, 숙모	_____

★ 빈칸에 알맞은 우리말 뜻 또는 영어를 쓰시오.

Days 5-6   맞은 개수   /30

1	aunt	___	16	딸 ___
2	cousin	___	17	걷다; 산책시키다; 걷기 ___
3	raise	___	18	고치다, 수리하다 ___
4	cook	___	19	자다, 잠자리에 들다 ___
5	feed	___	20	남편 ___
6	eat	___	21	(잠자리에서) 일어나다 ___
7	brush	___	22	아이; 자식 ___
8	diary	___	23	아침 식사 ___
9	bath	___	24	결혼하다 ___
10	wash	___	25	물을 주다; 물 ___
11	help	___	26	청소하다; 깨끗한 ___
12	turn off	___	27	태어나다 ___
13	fall in love with	___	28	(늦게까지) 깨어 있다 ___
14	take out	___	29	저녁 식사 ___
15	say hello to	___	30	함께 쓰다; 나누다 ___

Days 6-7   맞은 개수   /30

1	stay up	___	16	~을 끄다 ___
2	fence	___	17	물건, 것; 일 ___
3	clock	___	18	먹이를 주다 ___
4	door	___	19	집, 주택 ___
5	get up	___	20	우산 ___
6	go to bed	___	21	벽 ___
7	mirror	___	22	가구 ___
8	fix	___	23	욕실, 화장실 ___
9	window	___	24	거실 ___
10	roof	___	25	꺼내다; 내다 버리다 ___
11	curtain	___	26	사다리 ___
12	stair	___	27	바닥; 층 ___
13	garden	___	28	일기 ___
14	bedroom	___	29	목욕 ___
15	share	___	30	부엌, 주방 ___

Days 7-8   맞은 개수   / 30

1	floor	_____	16	담, 울타리	_____
2	food	_____	17	식사	_____
3	tasty	_____	18	유리; 유리컵; 한 잔	_____
4	pepper	_____	19	(기름에) 굽다, 튀기다	_____
5	bathroom	_____	20	정원, 뜰	_____
6	chopstick	_____	21	포크	_____
7	umbrella	_____	22	거울	_____
8	bake	_____	23	마시다; 음료	_____
9	scissors	_____	24	끓(이)다; 삶다	_____
10	bottle	_____	25	설탕	_____
11	furniture	_____	26	계단	_____
12	snack	_____	27	칼	_____
13	fresh	_____	28	(납작하고 둥근) 접시	_____
14	salt	_____	29	(우묵한) 그릇, 사발	_____
15	thing	_____	30	지붕	_____

Days 8-9   맞은 개수   / 30

1	meal	_____	16	젓가락	_____
2	subject	_____	17	반, 학급; 수업	_____
3	board	_____	18	과학	_____
4	drink	_____	19	굽다	_____
5	boil	_____	20	도서관	_____
6	art	_____	21	신선한	_____
7	note	_____	22	수학	_____
8	knife	_____	23	늦은, 지각한; 늦게	_____
9	classroom	_____	24	운동장, 놀이터	_____
10	language	_____	25	공책, 노트	_____
11	teacher	_____	26	소금	_____
12	history	_____	27	복도; 홀, 회관	_____
13	music	_____	28	반 친구, 급우	_____
14	student	_____	29	교과서	_____
15	sugar	_____	30	가위	_____

★ 빈칸에 알맞은 우리말 뜻 또는 영어를 쓰시오.

Days 9-10 맞은 개수 /30

1	class	____	16	과목	____
2	question	____	17	배우다	____
3	elementary	____	18	중간의; 중앙	____
4	textbook	____	19	들어가다; 입학하다	____
5	grade	____	20	끝나다	____
6	read	____	21	풀다; 해결하다	____
7	library	____	22	교실	____
8	easy	____	23	문제	____
9	answer	____	24	언어	____
10	playground	____	25	시험	____
11	write	____	26	시작하다	____
12	finish	____	27	판자; 칠판; 게시판	____
13	classmate	____	28	어려운	____
14	ask	____	29	역사	____
15	listen	____	30	설명하다	____

Days 10-11 맞은 개수 /30

1	difficult	____	16	질문; 문제	____
2	close	____	17	마치다, 끝내다	____
3	effort	____	18	우수한, 훌륭한	____
4	be over	____	19	싸우다	____
5	solve	____	20	초보의; 초등학교의	____
6	forever	____	21	쓰다	____
7	same	____	22	공부하다; 공부	____
8	enter	____	23	부르다; 전화(하다)	____
9	get along with	____	24	다른; 여러 가지의	____
10	hand in	____	25	확인[점검]하다	____
11	homework	____	26	농담; 농담하다	____
12	still	____	27	학년; 성적	____
13	after school	____	28	깨어지다; 휴식	____
14	nickname	____	29	딱딱한; 어려운; 열심히	____
15	explain	____	30	친구를 사귀다	____

Days 11-12 　　　　　　　　　맞은 개수 　/30

1	call	
2	police officer	
3	excellent	
4	soldier	
5	office	
6	fail	
7	hard	
8	skill	
9	make friends	
10	succeed	
11	company	
12	chef	
13	firefighter	
14	driver	
15	different	
16	노력	
17	디자이너; 설계자	
18	생기다, 일어나다	
19	숙제	
20	가까운; 친한; 닫다	
21	기회; 가능성	
22	기자	
23	~을 제출하다	
24	일하다; 일; 직장	
25	바쁜, 분주한	
26	실수, 잘못	
27	회의	
28	~와 잘 지내다	
29	농부	
30	직장, 일, 일자리	

Days 12-13 　　　　　　　　　맞은 개수 　/30

1	mistake	
2	chance	
3	receive	
4	nobody	
5	happen	
6	mail	
7	trouble	
8	shake	
9	farmer	
10	job	
11	talk	
12	message	
13	greet	
14	refuse	
15	mean	
16	사무실, 사무소	
17	소개하다	
18	환영하다	
19	회사	
20	용서하다	
21	경찰관	
22	성공하다	
23	말하다, 연설하다	
24	보내다	
25	숙련; 기술	
26	이해하다	
27	포옹하다, 껴안다	
28	손님	
29	큰 소리로, 시끄럽게	
30	수다 떨다; 잡담	

★ 빈칸에 알맞은 우리말 뜻 또는 영어를 쓰시오.

Days 13-14

1	loudly		16	아무도 ~않다	
2	forgive		17	생각하다	
3	trust		18	추측(하다), 짐작(하다)	
4	understand		19	선택; 선택권	
5	tip		20	이유	
6	decide		21	기억(력); 추억	
7	know		22	받다	
8	helpful		23	분명한, 확실한; 맑은	
9	introduce		24	거절하다, 거부하다	
10	idea		25	조언, 충고	
11	nod		26	인사하다; 환영하다	
12	support		27	믿다; 생각하다	
13	remember		28	동의하다	
14	forget		29	곤란, 골칫거리, 애	
15	send		30	선호하다	

Days 14-15

1	believe		16	지지하다; 지지	
2	agree		17	중요한	
3	excuse		18	도움이 되는, 유익한	
4	wrong		19	약속하다; 약속	
5	without		20	규칙	
6	advice		21	두드리다, 노크하다	
7	wait		22	행동	
8	polite		23	신뢰하다	
9	each other		24	목소리	
10	on time		25	피하다	
11	please		26	기억하다	
12	put off		27	가르치다	
13	follow		28	(고개를) 끄덕이다	
14	memory		29	선; 줄	
15	reason		30	늘, 항상	

Days 15-16 　　　　　　　　　　　맞은 개수　/30

1	rule	
2	smell	
3	taste	
4	hear	
5	behavior	
6	avoid	
7	sound	
8	important	
9	leg	
10	all the time	
11	arm	
12	neck	
13	touch	
14	thirsty	
15	finger	

16	예의 바른, 공손한	
17	발	
18	잘못된, 틀린	
19	몸, 신체	
20	이, 치아	
21	머리카락; 털	
22	제 시간에, 시간을 어기지 않고	
23	기다리다	
24	머리; 향하다	
25	보다; 이해하다	
26	무릎	
27	미루다, 연기하다	
28	혀	
29	배고픈	
30	어깨	

Days 16-17 　　　　　　　　　　　맞은 개수　/30

1	shoulder	
2	jump	
3	hungry	
4	sit	
5	move	
6	drop	
7	head	
8	wake	
9	hold	
10	knee	
11	step	
12	take off	
13	tongue	
14	slowly	
15	swing	

16	손가락	
17	나르다; 가지고 다니다	
18	빠른; 빨리	
19	잠자다; 잠, 수면	
20	밀다; 누르다	
21	끌다, 잡아당기다	
22	흔들다; 파도	
23	~을 입다[쓰다/신다]	
24	목마른	
25	오르다, 올라가다	
26	~처럼 들리다; 소리	
27	서다, 서 있다	
28	팔	
29	가져오다; 데려오다	
30	듣다, 들리다	

★ 빈칸에 알맞은 우리말 뜻 또는 영어를 쓰시오.

Days 17-18   맞은 개수   /30

1	climb		16	~을 벗다	
2	put on		17	가입하다; 함께하다	
3	throw		18	잡다	c
4	final		19	요점; 점수; 가리키다	
5	marathon		20	(발로) 차다	
6	pull		21	스케이트를 타다	
7	exercise		22	(발)걸음; 단계	
8	ski		23	튀다; 튀어 오르다	
9	win		24	축구	
10	player		25	떨어뜨리다	
11	carry		26	(잠에서) 깨다; 깨우다	
12	team		27	잃어버리다; 지다	
13	wave		28	배구	
14	baseball		29	메달	
15	hit		30	잡다; 개최하다	

Days 18-19   맞은 개수   /30

1	lose		16	마지막의; 결승전	
2	relax		17	안전한	
3	hospital		18	죽다	
4	early		19	피곤한, 지친	
5	habit		20	다치게 하다; 아프다	
6	catch a cold		21	아픈, 병든	
7	nurse		22	즉시, 당장	
8	headache		23	선수, 참가자	
9	kick		24	던지다	
10	point		25	건강	
11	remove		26	심장	
12	weak		27	위험한	
13	catch		28	치과 의사	
14	runny nose		29	마라톤	
15	join		30	운동; 운동하다	

Days **19-20**

1	health	_____	16	제거하다, 치우다 _____
2	right away	_____	17	~로 가는 중[길]에 _____
3	hometown	_____	18	탑 _____
4	dirty	_____	19	약한, 힘이 없는 _____
5	place	_____	20	제과점, 빵집 _____
6	dangerous	_____	21	아파트 _____
7	market	_____	22	쇼핑센터, 쇼핑몰 _____
8	bank	_____	23	시끄러운 _____
9	safe	_____	24	붐비는 _____
10	zoo	_____	25	거리, 도로 _____
11	change	_____	26	소도시, 읍 _____
12	park	_____	27	휴식을 취하다; 긴장을 풀다 _____
13	post office	_____	28	서점 _____
14	sick	_____	29	감기에 걸리다 _____
15	cross	_____	30	버릇; 습관 _____

Days **20-21**

1	noisy	_____	16	변하다; 바꾸다 _____
2	next to	_____	17	건너다, 가로지르다 _____
3	far	_____	18	남쪽; 남쪽의 _____
4	north	_____	19	더러운 _____
5	on one's way to	_____	20	~ 주위에, 빙 둘러 _____
6	east	_____	21	공원; 주차하다 _____
7	corner	_____	22	꼭대기, 맨 위 _____
8	bottom	_____	23	왼쪽의; 왼쪽으로 _____
9	street	_____	24	~의 뒤에 _____
10	bookstore	_____	25	고향 _____
11	inside	_____	26	~의 사이에(서); (여럿) 중에서 _____
12	under	_____	27	~ 앞에 _____
13	crowded	_____	28	~에서 가까이; 가까이 _____
14	right	_____	29	서쪽; 서쪽의 _____
15	along	_____	30	사이에 _____

★ 빈칸에 알맞은 우리말 뜻 또는 영어를 쓰시오.

Days 21-22

1	between		16	구석, 모퉁이
2	station		17	표지판; 서명하다
3	road		18	~의 안에; 내부
4	behind		19	멈추다; 정류장
5	near		20	오토바이
6	subway		21	~에 타다, 승차하다
7	seat		22	맨 아래; 바닥
8	train		23	걸어서, 도보로
9	tunnel		24	타다; 타기
10	bike		25	~을 따라
11	pick up		26	운전하다
12	airport		27	~ 바로 옆에
13	in front of		28	~에서 내리다, 하차하다
14	boat		29	비행기
15	around		30	다리, 교량

Days 22-23

1	get on		16	~를 (차에) 태우러 가다
2	shape		17	부드러운, 연한
3	triangle		18	큰, 커다란
4	square		19	깊은; 깊이, 깊게
5	color		20	색채가 풍부한, 다채로운
6	on foot		21	정거장, 역
7	bridge		22	높은; 높이
8	dry		23	도로, 길
9	bright		24	어두운; 짙은
10	low		25	날카로운; 뾰족한
11	get off		26	공항
12	short		27	원
13	dot		28	지하철
14	wet		29	형태; 형성하다
15	motorcycle		30	긴

Days 23-24   맞은 개수   / 30

#	영어		#	한국어	
1	colorful		16	건조한; 말리다	
2	form		17	모든; 모두	
3	cut		18	(수가) 약간의, 몇몇의	
4	number		19	단 하나의; 1인용의	
5	nothing		20	삼각형	
6	large		21	두 번	
7	both		22	(양이) 약간의, 조금의	
8	hundred		23	한 번	
9	first		24	몇몇의, 약간의; 몇몇	
10	each		25	정사각형	
11	part		26	반, 절반	
12	dark		27	밝은; 선명한	
13	circle		28	세 번째의[로]	
14	second		29	(양이) 많은; 다량; 매우	
15	many		30	젖은	

Days 24-25   맞은 개수   / 30

#	영어		#	한국어	
1	a little		16	일부, 약간; 부분	
2	week		17	둘 다의; 둘 다	
3	hour		18	내일	
4	a few		19	아무것도 ~아니다[없다]	
5	year		20	저녁	
6	single		21	백; 100의	
7	end		22	흔히, 자주	
8	soon		23	오늘 밤(에)	
9	present		24	미래; 미래의	
10	month		25	어제	
11	during		26	보통, 대개	
12	once		27	과거; 과거의; 지난	
13	afternoon		28	날짜	
14	half		29	(수가) 많은; 다수	
15	minute		30	항상, 언제나	

★ 빈칸에 알맞은 우리말 뜻 또는 영어를 쓰시오.

Days 25-26

| | | | | | 맞은 개수 | /30 |

1 tomorrow _____
2 look for _____
3 used _____
4 select _____
5 really _____
6 price _____
7 pay _____
8 always _____
9 look good on _____
10 usually _____
11 choose _____
12 buy _____
13 date _____
14 past _____
15 simple _____

16 곧, 이내 _____
17 상점, 가게 _____
18 입에[신어] 보다 _____
19 분; 잠깐 _____
20 가게, 상점; 사다 _____
21 또 하나의 (것) _____
22 (값이) 싼, 저렴한 _____
23 판매; 할인 판매 _____
24 ~ 동안[내내] _____
25 값비싼 _____
26 그밖에 다른 것 _____
27 끝; 끝나다 _____
28 쿠폰, 할인권 _____
29 현재(의); 선물 _____
30 팔다; 팔리다 _____

Days 26-27

| | | | | | 맞은 개수 | /30 |

1 expensive _____
2 necklace _____
3 glove _____
4 lovely _____
5 type _____
6 cheap _____
7 pair _____
8 shorts _____
9 design _____
10 earring _____
11 anything else _____
12 shirt _____
13 try on _____
14 store _____
15 button _____

16 ~을 찾다[구하다] _____
17 유행, 패션 _____
18 ~에게 잘 어울리다 _____
19 가격, 값 _____
20 입고[쓰고] 있다 _____
21 바지 _____
22 지불하다 _____
23 드레스, 원피스; 옷 _____
24 고르다; 선발하다 _____
25 요즘(에는) _____
26 재킷, 상의 _____
27 양말 _____
28 모형; 모델 _____
29 주머니 _____
30 치마 _____

Days 27-28

맞은 개수 　/30

1	these days	16	디자인(하다), 설계하다
2	festival	17	카드
3	sock	18	한 벌; 한 쌍
4	invite	19	생일
5	pants	20	모이다, 무으다
6	ready	21	방문하다
7	fashion	22	장갑
8	fill	23	열리다, 개최되다
9	skirt	24	선물
10	clap	25	사랑스러운, 귀여운
11	host	26	준비하다
12	candle	27	귀고리
13	event	28	결혼(식)
14	last	29	행렬, 퍼레이드
15	mask	30	특별한

Days 28-29

맞은 개수 　/30

1	prepare	16	사건, 행사
2	serve	17	축제
3	take place	18	접시; 요리
4	order	19	규칙적인; 정기적인; 보통의
5	delicious	20	박수를 치다, 손뼉을 치다
6	restaurant	21	빠른, 신속한
7	eat out	22	초대하다
8	tea	23	메뉴, 차림표
9	recipe	24	소스, 양념
10	visit	25	계산서, 청구서
11	book	26	스테이크; 두껍게 썬 고기
12	gather	27	디저트, 후식
13	soup	28	채우다, 메우다
14	bread	29	웨이터, 종업원
15	special	30	가득 찬; 배부른

★ 빈칸에 알맞은 우리말 뜻 또는 영어를 쓰시오.

Days 29-30

1	bill	_____	16	아주 맛있는 _____
2	tour	_____	17	여행하다; 여행 _____
3	camping	_____	18	세계; 세상 _____
4	trip	_____	19	~의 사진을 찍다 _____
5	country	_____	20	~에 도착하다 _____
6	view	_____	21	아주 멋진, 훌륭한 _____
7	full	_____	22	지도 _____
8	stay	_____	23	낚시 _____
9	lost	_____	24	예약하다; 책 _____
10	arrive	_____	25	주문(하다); 명령하다 _____
11	regular	_____	26	(사용료를 내고) 빌리다 _____
12	pack	_____	27	외식하다 _____
13	dish	_____	28	휴일, 공휴일; 휴가 _____
14	quick	_____	29	휴가; 방학 _____
15	leave	_____	30	요리법, 조리법 _____

Days 30-31

1	take a picture of	_____	16	길을 잃은; 분실된 _____
2	magic	_____	17	바이올린 _____
3	show	_____	18	예술가, 화가 _____
4	travel	_____	19	캔버스 천 _____
5	holiday	_____	20	도착하다 _____
6	famous	_____	21	(연필·펜 등으로) 그리다 _____
7	image	_____	22	음악적인; 뮤지컬 _____
8	band	_____	23	음악가 _____
9	dance	_____	24	(물감으로) 그리다; 물감 _____
10	singer	_____	25	머무르다, 체류하다 _____
11	sketch	_____	26	풍경; 견해 _____
12	concert	_____	27	노래 _____
13	get to	_____	28	피아노 연주가 _____
14	create	_____	29	크레용 _____
15	vacation	_____	30	떠나다; 남기다 _____

Days 31-32

맞은 개수 / 30

1	artist		16	유명한
2	mystery		17	역할; 배역
3	background		18	마법, 마술
4	novel		19	여배우
5	poem		20	이야기
6	essay		21	보여 주다; 공연, 쇼
7	queen		22	영웅; 남자 주인공
8	draw		23	도망치다, 달아나다
9	actor		24	창작하다, 창조하다
10	film		25	희망; 바라다
11	musician		26	드라마, 극; 연극
12	paint		27	비밀
13	in the end		28	스케치(하다)
14	song		29	희극, 코미디
15	word		30	영화

Days 32-33

맞은 개수 / 30

1	role		16	마침내, 결국
2	only		17	~도 또한 (… 않다)
3	hope		18	그런데
4	just		19	영화; 촬영하다
5	actress		20	배경
6	maybe		21	갑자기
7	so		22	어쨌든
8	too		23	약; ~에 대한[관한]
9	anymore		24	동시에[함께]
10	for example		25	그때; 그 다음에
11	actually		26	~ 때문에
12	story		27	시
13	exactly		28	소설
14	run away		29	~하는 동안(에)
15	also		30	(기타) 등등

★ 빈칸에 알맞은 우리말 뜻 또는 영어를 쓰시오.

Days 33-34   맞은 개수   /30

1	suddenly	_____	16	더 이상, 이제는	_____
2	forest	_____	17	강	_____
3	leaf	_____	18	아마, 어쩌면	_____
4	by the way	_____	19	육지; 땅; 착륙하다	_____
5	anyway	_____	20	정확히, 꼭	_____
6	hill	_____	21	나무	_____
7	flower	_____	22	바다	_____
8	stone	_____	23	산	_____
9	sky	_____	24	바위, 암석	_____
10	at the same time	_____	25	실제로; 사실은	_____
11	lake	_____	26	과일; 열매	_____
12	and so on	_____	27	예를 들어	_____
13	wood	_____	28	모래	_____
14	ground	_____	29	해변, 바닷가	_____
15	nature	_____	30	연못	_____

Days 34-35   맞은 개수   /30

1	beach	_____	16	자연	_____
2	insect	_____	17	사냥하다	_____
3	tail	_____	18	개미	_____
4	land	_____	19	거미	_____
5	nest	_____	20	꿀벌; 벌	_____
6	sand	_____	21	나무, 목재; 숲	_____
7	river	_____	22	놓다; (알을) 낳다	_____
8	fur	_____	23	기린	_____
9	fly	_____	24	호수	_____
10	monkey	_____	25	코끼리	_____
11	mouse	_____	26	지면, 바닥; 땅	_____
12	speed	_____	27	숨기다; 숨다	_____
13	cow	_____	28	잎, 나뭇잎	_____
14	rock	_____	29	동물	_____
15	wolf	_____	30	뱀	_____

Days 35-36   맞은 개수   /30

1	hide	16	둥지
2	cold	17	날씨
3	cloud	18	여름
4	windy	19	따뜻한
5	fog	20	털; 모피
6	fine	21	꼬리
7	season	22	가을; 떨어지다
8	animal	23	눈; 눈이 내리다
9	hunt	24	무지개
10	spring	25	속도
11	rainy	26	구름이 잔뜩 낀, 흐린
12	cool	27	화창한, 햇살이 내리쬐는
13	bee	28	더운, 뜨거운
14	winter	29	날다; 비행하다
15	lay	30	소나기; 샤워(하기)

Days 36-37   맞은 개수   /30

1	cloudy	16	비 오는, 비가 많은
2	farm	17	물고기; 낚시하다
3	rice	18	옥수수
4	shower	19	생산하다
5	warm	20	(큰) 배; 수송하다
6	rich	21	기계
7	weather	22	낭비(하다); 쓰레기
8	save	23	좋은; 건강한; 맑은
9	pig	24	채소
10	poor	25	구름
11	factory	26	빌려주다
12	field	27	계절
13	sheep	28	안개
14	grow	29	염소
15	fall	30	사업, 장사

★ 빈칸에 알맞은 우리말 뜻 또는 영어를 쓰시오.

Days 37-38

1	lend		16	자라다; 재배하다	
2	law		17	속하다	
3	machine		18	궁핍한, 어려움에 처한	
4	local		19	평화	
5	ship		20	구하다; 저축하다	
6	member		21	가난한; 좋지 못한	
7	society		22	~를 놀리다[비웃다]	
8	produce		23	~(의 존재)를 믿다	
9	group		24	농장	
10	culture		25	강하게, 강력히	
11	war		26	국가	
12	be from		27	뉴스, 보도; 소식	
13	media		28	자기 자신의; 소유하다	
14	waste		29	공장	
15	care		30	보도하다; 보고(서)	

Days 38-39

1	make fun of		16	문화	
2	puzzle		17	온라인의; 온라인으로	
3	in need		18	행운; 운	
4	scientist		19	지역의, 현지의	
5	belong		20	발견하다	
6	at last		21	(신문·TV 등의) 매체	
7	key		22	~을 알아내다[찾아내다]	
8	own		23	~에서 오다, ~ 출신이다	
9	invent		24	궁금하다; 경이	
10	post		25	파일; 서류철	
11	result		26	법	
12	click		27	시험, 검사; 실험	
13	prize		28	경우, 사례	
14	nation		29	검색하다, 찾아보다	
15	repeat		30	섞다, 혼합하다	

Days 39-40

1	find out _____	16	마침내, 결국 _____
2	recycle _____	17	발명하다 _____
3	mix _____	18	불; 화재 _____
4	hole _____	19	~로 구성되다 _____
5	smoke _____	20	로켓 _____
6	wonder _____	21	달, 위성 _____
7	trash _____	22	(물 위에) 뜨다; 떠가다 _____
8	bury _____	23	지구 온난화 _____
9	light _____	24	빛나다, 비치다 _____
10	energy _____	25	공간; 우주 _____
11	air _____	26	결과 _____
12	Earth _____	27	환경 _____
13	protect _____	28	올리다, 게시하다 _____
14	discover _____	29	반복[되풀이]하다 _____
15	case _____	30	덮다; 가리다 _____

Answer Key

Days 1-2

1 늙은, 나이 먹은; 오래된, 낡은 2 아기
3 (성인) 남자, 남성 4 키가 큰; (건물 등이) 높은
5 유감스러운; 미안한 6 아이, 어린이; 농담하다
7 슬픈 8 어른, 성인 9 (개개의) 사람, 개인
10 눈물 11 나이, 연령 12 좋아하다; ~처럼
13 잘생긴, 멋진 14 젊은, 어린 15 울다; 외치다
16 woman 17 teenager 18 fat 19 every
20 thank 21 female 22 afraid 23 pretty
24 look like 25 hate 26 people
27 surprised 28 beautiful 29 cute
30 have fun

Days 2-3

1 자랑스러운, 자랑스러워하는 2 미소 짓다,
웃다; 미소, 웃음 3 게으른 4 (소리 내어) 웃다
5 친절한, 상냥한; 종류 6 걱정하는 7 현명한,
지혜로운 8 차분한, 침착한 9 외로운, 쓸쓸한
10 소리치다, 외치다 11 용감한 12 조심하는,
신중한 13 (감정·기분이) 들다[느끼다] 14 기쁜
15 정직한; 솔직한 16 happy 17 funny
18 friendly 19 give up 20 (f)oolish
21 excited 22 quiet 23 on one's own
24 bored 25 lie 26 (c)lever 27 stupid
28 strange 29 angry 30 lively

Days 3-4

1 조용한, 고요한 2 수집하다, 모으다
3 친절한; 다정한 4 인기 있는 5 ~을 잘하다
6 ~에 도착[도달]하다 7 ~에 관심[흥미]이 있다
8 보다, 지켜보다; 손목시계 9 어리석은; 바보 같은
10 (돈을) 쓰다; (시간을) 보내다 11 즐기다
12 영리한, 총명한 13 거짓말하다; 거짓말
14 노력하다; 시도하다 15 짓다, 세우다
16 brave 17 come true 18 dream
19 favorite 20 wish 21 goal 22 careful

23 honest 24 free 25 plan 26 play
27 lazy 28 hobby 29 swim 30 calm

Days 4-5

1 실현되다, 이루어지다 2 남편 3 결혼하다
4 자유로운; 한가한; 무료의 5 형, 오빠, 남동생
6 딸 7 살다 8 아내 9 함께, 같이
10 아이, 어린이; 자식 11 목표, 목적; 골
12 바라다, 원하다; 소원, 바람 13 태어나다
14 가장 좋아하는 15 삼촌 16 be interested in
17 raise 18 home 19 be good at 20 sister
21 son 22 family 23 say hello to
24 fall in love with 25 cousin 26 popular
27 build 28 parent 29 reach 30 aunt

Days 5-6

1 고모, 이모, 숙모 2 사촌 3 (들어) 올리다;
기르다, 키우다 4 요리하다; 요리사 5 먹이를 주다
6 먹다 7 솔질하다, 닦다; 붓, 솔 8 일기 9 목욕
10 씻다; 세척하다 11 돕다; 도움 12 ~을 끄다
13 ~와 사랑에 빠지다 14 꺼내다; 내다 버리다
15 ~에게 안부를 전하다, ~에게 인사하다
16 daughter 17 walk 18 fix 19 go to bed
20 husband 21 get up 22 child
23 breakfast 24 marry 25 water 26 clean
27 be born 28 stay up 29 dinner
30 share

Days 6-7

1 (늦게까지) 깨어 있다 2 담, 울타리 3 시계
4 문 5 (잠자리에서) 일어나다 6 자다, 잠자리에
들다 7 거울 8 고치다, 수리하다 9 창문
10 지붕 11 커튼 12 계단 13 정원, 뜰 14 침실
15 함께 쓰다; 나누다 16 turn off 17 thing
18 feed 19 house 20 umbrella 21 wall

22 furniture 23 bathroom 24 living room
25 take out 26 ladder 27 floor 28 diary
29 bath 30 kitchen

Days 7-8   p. 5

1 바닥; (건물의) 층 2 음식, 식량; 식품 3 맛있는
4 후추; 고추; 피망 5 욕실, 화장실 6 젓가락
7 우산 8 굽다 9 가위 10 병 11 가구
12 간식, 간단한 식사 13 신선한 14 소금
15 물건, 것; (사실·상황 등의) 일 16 fence
17 meal 18 glass 19 fry 20 garden
21 fork 22 mirror 23 drink 24 boil
25 sugar 26 stair 27 knife 28 plate
29 bowl 30 roof

Days 8-9   p. 5

1 식사 2 과목 3 판자; 칠판; 게시판
4 마시다; 음료 5 끓다, 끓이다; 삶다 6 미술, 예술
7 메모; 필기, 기록 8 칼 9 교실 10 언어
11 선생, 교사 12 역사 13 음악 14 학생
15 설탕 16 chopstick 17 class 18 science
19 bake 20 library 21 fresh 22 math
23 late 24 playground 25 notebook
26 salt 27 hall 28 classmate 29 textbook
30 scissors

Days 9-10   p. 6

1 반, 학급; 수업 2 질문; (시험 등의) 문제
3 초보의; 초등학교의 4 교과서 5 학년; 성적
6 읽다 7 도서관 8 쉬운 9 대답하다; 답, 대답
10 운동장, 놀이터 11 쓰다 12 마치다, 끝내다
13 반 친구, 급우 14 묻다, 질문하다; 요청하다
15 듣다, 귀 기울이다 16 subject 17 learn
18 middle 19 enter 20 be over 21 solve
22 classroom 23 problem 24 language

25 exam 26 begin 27 board 28 difficult
29 history 30 explain

Days 10-11   p. 6

1 어려운 2 가까운; 친한; 닫다 3 노력 4 끝나다
5 풀다; 해결하다 6 영원히 7 같은, 동일한
8 들어가다; 입학하다 9 ~와 잘 지내다
10 ~을 제출하다 11 숙제 12 아직도, 여전히
13 방과 후에 14 별명 15 설명하다
16 question 17 finish 18 excellent
19 fight 20 elementary 21 write 22 study
23 call 24 different 25 check 26 joke
27 grade 28 break 29 hard
30 make friends

Days 11-12   p. 7

1 부르다; 전화하다; 전화 (통화) 2 경찰관
3 우수한, 훌륭한 4 군인 5 사무실, 사무소
6 실패하다; (시험에) 떨어지다 7 딱딱한, 단단한;
어려운; 열심히 8 숙련; 기술 9 친구를 사귀다
10 성공하다 11 회사 12 요리사, 주방장
13 소방관 14 운전사; 운전자 15 다른;
여러 가지의 16 effort 17 designer
18 happen 19 homework 20 close
21 chance 22 reporter 23 hand in
24 work 25 busy 26 mistake 27 meeting
28 get along with 29 farmer 30 job

Days 12-13   p. 7

1 실수, 잘못 2 기회; 가능성 3 받다
4 아무도 ~않다 5 생기다, 일어나다 6 우편;
우편물; (컴퓨터) 메일 7 곤란, 골칫거리, 애
8 흔들다; 악수하다 9 농부 10 직장, 일, 일자리
11 이야기하다, 말하다 12 메시지, 전갈
13 인사하다; 환영하다, 맞다 14 거절하다,

거부하다 15 ∼라는 뜻이다, 의미하다 16 office
17 introduce 18 welcome 19 company
20 forgive 21 police officer 22 succeed
23 speak 24 send 25 skill 26 understand
27 hug 28 guest 29 loudly 30 chat

Days 13-14   p. 8

1 큰 소리로, 시끄럽게 2 용서하다 3 신뢰하다
4 이해하다 5 조언; 팁, 사례금 6 결정하다;
결심하다 7 알다; 이해하다 8 도움이 되는, 유익한
9 소개하다 10 생각, 발상 11 (고개를) 끄덕이다
12 지지하다; 지지 13 기억하다 14 잊다
15 보내다 16 nobody 17 think 18 guess
19 choice 20 reason 21 memory
22 receive 23 clear 24 refuse 25 advice
26 greet 27 believe 28 agree 29 trouble
30 prefer

Days 14-15   p. 8

1 믿다; 생각하다 2 동의하다 3 (무례 등을)
용서하다; 변명 4 잘못된, 틀린 5 ∼ 없이
6 조언, 충고 7 기다리다 8 예의 바른, 공손한
9 서로 10 제 시간에, 시간을 어기지 않고
11 부디, 제발; 기쁘게 하다 12 (시간·날짜를)
미루다, 연기하다 13 따라가다[오다]; (지시 등을)
따르다 14 기억(력); 추억 15 이유 16 support
17 important 18 helpful 19 promise
20 rule 21 knock 22 behavior 23 trust
24 voice 25 avoid 26 remember
27 teach 28 nod 29 line 30 all the time

Days 15-16   p. 9

1 규칙 2 냄새가 나다; 냄새 맡다; 냄새, 향
3 맛을 보다; ∼ 맛이 나다; 맛 4 듣다, 들리다
5 행동 6 피하다 7 ∼처럼 들리다; 소리
8 중요한 9 다리 10 늘, 항상 11 팔 12 목
13 만지다 14 목마른 15 손가락 16 polite
17 foot 18 wrong 19 body 20 tooth
21 hair 22 on time 23 wait 24 head
25 see 26 knee 27 put off 28 tongue
29 hungry 30 shoulder

Days 16-17   p. 9

1 어깨 2 뛰다, 뛰어오르다 3 배고픈
4 앉다; 앉아 있다 5 움직이다; 옮기다, 이사하다
6 떨어뜨리다; 떨어지다 7 머리; 향하다
8 (잠에서) 깨다; 깨우다 9 잡다, 붙들다; 열다,
개최하다 10 무릎 11 (발)걸음; 단계
12 ∼을 벗다 13 혀 14 천천히, 느리게
15 흔들다, 흔들리다; 휘두르다 16 finger
17 carry 18 fast 19 sleep 20 push
21 pull 22 wave 23 put on 24 thirsty
25 climb 26 sound 27 stand 28 arm
29 bring 30 hear

Days 17-18   p. 10

1 오르다, 올라가다 2 ∼을 입다[쓰다/신다]
3 던지다 4 마지막의; 결승전 5 마라톤 6 끌다,
잡아당기다 7 운동; 운동하다 8 스키를 타다
9 이기다; (승리·상품 등을) 획득하다 10 선수,
참가자 11 나르다, 운반하다; 가지고 다니다
12 팀, 단체 13 (손 등을) 흔들다; 파도 14 야구
15 때리다, 치다 16 take off 17 join
18 (c)atch 19 point 20 kick 21 skate
22 step 23 bounce 24 soccer 25 drop
26 wake 27 lose 28 volleyball 29 medal
30 hold

Days 18-19
p. 10

1 잃어버리다; (경기에서) 지다 2 휴식을 취하다;
긴장을 풀다 3 병원 4 일찍; 이른, 빠른
5 버릇; 습관 6 감기에 걸리다 7 간호사
8 두통 9 (발로) 차다 10 요점; 점수; 가리키다
11 제거하다, 치우다 12 약한, 힘이 없는 13 잡다
14 콧물 15 가입하다; 함께하다, 합류하다
16 final 17 safe 18 die 19 tired 20 hurt
21 sick 22 right away 23 player 24 throw
25 health 26 heart 27 dangerous
28 dentist 29 marathon 30 exercise

Days 19-20
p. 11

1 건강 2 즉시, 당장 3 고향 4 더러운
5 장소, 곳 6 위험한 7 시장 8 은행 9 안전한
10 동물원 11 변하다; 바꾸다 12 공원; 주차하다
13 우체국 14 아픈, 병든 15 건너다, 가로지르다
16 remove 17 on one's way to 18 tower
19 weak 20 bakery 21 apartment
22 mall 23 noisy 24 crowded 25 street
26 town 27 relax 28 bookstore
29 catch a cold 30 habit

Days 20-21
p. 11

1 시끄러운 2 ~ 바로 옆에 3 멀리; 떨어져; 먼,
멀리 있는 4 북쪽; 북쪽의 5 ~로 가는 중[길]에
6 동쪽; 동쪽의 7 구석, 모퉁이 8 맨 아래; 바닥
9 거리, 도로 10 서점 11 ~의 안에; 내부; 안에
12 ~ 아래에, ~의 바로 밑에 13 붐비는
14 옳은; 맞는; 오른쪽의; 오른쪽으로
15 ~을 따라 16 change 17 cross
18 south 19 dirty 20 around 21 park
22 top 23 left 24 behind 25 hometown
26 among 27 in front of 28 near 29 west
30 between

Days 21-22
p. 12

1 사이에 2 정거장, 역 3 도로, 길 4 ~의 뒤에
5 ~에서 가까이; 가까운; 가까이 6 지하철
7 좌석, 자리 8 기차, 열차 9 터널 10 자전거
11 ~를 (차에) 태우러 가다[태우다] 12 공항
13 ~ 앞에 14 (작은) 배, 보트 15 ~ 주위에,
빙 둘러 16 corner 17 sign 18 inside
19 stop 20 motorcycle 21 get on
22 bottom 23 on foot 24 ride 25 along
26 drive 27 next to 28 get off 29 airplane
30 bridge

Days 22-23
p. 12

1 ~에 타다, 승차하다 2 모양, 형태 3 삼각형
4 정사각형 5 색, 색깔 6 걸어서, 도보로
7 다리, 교량 8 마른, 건조한; 말리다; 마르다
9 밝은, 빛나는; (색이) 선명한 10 낮은; 낮게
11 ~에서 내리다, 하차하다 12 짧은; 키가 작은
13 점 14 젖은 15 오토바이 16 pick up
17 soft 18 large 19 deep 20 colorful
21 station 22 high 23 road 24 dark
25 sharp 26 airport 27 circle 28 subway
29 form 30 long

Days 23-24
p. 13

1 색채가 풍부한, 다채로운 2 형태, 모양; 형성하다,
~로 만들다 3 베다; 자르다 4 수, 숫자; 번호
5 아무것도 ~아니다[없다] 6 큰, 커다란
7 둘 다의; 둘 다 8 백, 100; 100의 9 첫 번째의;
최초의; 첫째로; 우선 10 각각의, 각자의; 각각, 각자
11 일부, 약간; 부분 12 어두운; 짙은 13 원
14 두 번째의; (시간) 초 15 (수가) 많은; 다수
16 dry 17 all 18 a few 19 single
20 triangle 21 twice 22 a little 23 once
24 some 25 square 26 half 27 bright
28 third 29 much 30 wet

p. 13

1 (양이) 약간의, 조금의 2 주, 일주일 3 한 시간;
시간 4 (수가) 약간의, 몇몇의 5 해, 1년; 나이
6 단 하나의; 1인용의 7 끝; 끝나다 8 곧, 이내
9 현재; 선물; 현재의, 오늘날의 10 달, 월
11 ~ 동안[내내] 12 한 번 13 오후 14 반, 절반
15 분; 잠깐 16 part 17 both 18 tomorrow
19 nothing 20 evening 21 hundred
22 often 23 tonight 24 future
25 yesterday 26 usually 27 past 28 date
29 many 30 always

p. 14

1 내일 2 ~을 찾다[구하다] 3 중고의
4 고르다; 선발하다 5 정말로; 실제로
6 가격, 값 7 지불하다 8 항상, 언제나
9 ~에게 잘 어울리다 10 보통, 대개
11 고르다, 선택하다 12 사다, 구입하다 13 날짜
14 과거; 과거의; 지난 15 단순한, 간단한
16 soon 17 store 18 try on 19 minute
20 shop 21 another 22 cheap 23 sale
24 during 25 expensive 26 anything else
27 end 28 coupon 29 present 30 sell

p. 14

1 값비싼 2 목걸이 3 장갑 4 사랑스러운, 귀여운
5 유형, 종류 6 (값이) 싼, 저렴한 7 한 벌;
한 쌍 8 반바지 9 디자인; 디자인하다, 설계하다
10 귀고리 11 그밖에 다른 것 12 셔츠
13 입에[신어] 보다 14 상점, 가게 15 (옷의)
단추; (기계 작동의) 버튼 16 look for
17 fashion 18 look good on 19 price
20 wear 21 pants 22 pay 23 dress
24 select 25 these days 26 jacket
27 sock 28 model 29 pocket 30 skirt

p. 15

1 요즘(에는) 2 축제 3 양말 4 초대하다 5 바지
6 준비된 7 유행, 패션 8 채우다, 메우다 9 치마
10 박수를 치다, 손뼉을 치다 11 주인, 주최자
12 (양)초 13 (중요한) 사건, 행사 14 계속되다,
지속되다; 마지막의; 지난 15 가면, 마스크
16 design 17 card 18 pair 19 birthday
20 gather 21 visit 22 glove 23 take place
24 gift 25 lovely 26 prepare 27 earring
28 wedding 29 parade 30 special

p. 15

1 준비하다 2 (음식을) 제공하다, 차려 내다
3 열리다, 개최되다 4 주문; 명령하다; 주문하다
5 아주 맛있는 6 음식점, 식당, 레스토랑
7 외식하다 8 차 9 요리법, 조리법 10 방문하다
11 예약하다; 책 12 모이다, 모으다 13 수프, 국
14 빵, 식빵 15 특별한 16 event 17 festival
18 dish 19 regular 20 clap 21 quick
22 invite 23 menu 24 sauce 25 bill
26 steak 27 dessert 28 fill 29 waiter
30 full

p. 16

1 계산서, 청구서 2 관광, 여행 3 캠핑, 야영
4 (짧은) 여행 5 국가, 나라 6 풍경, 경치; 견해,
생각 7 가득 찬; 배부른 8 머무르다, 체류하다
9 길을 잃은; (물건이) 분실된 10 도착하다
11 규칙적인; 정기적인; (크기가) 보통의
12 (짐을) 싸다, 꾸리다 13 접시; 요리 14 빠른,
신속한 15 떠나다, 출발하다; 남기다; 두고 오다
16 delicious 17 travel 18 world
19 take a picture of 20 get to
21 wonderful 22 map 23 fishing
24 book 25 order 26 rent 27 eat out
28 holiday 29 vacation 30 recipe

1 ~의 사진을 찍다　2 마법, 마술　3 보여 주다;
공연, 쇼　4 여행하다[가다]; 여행　5 휴일, 공휴일;
휴가　6 유명한　7 모습; 이미지, 인상
8 악단, 밴드　9 춤, 무용; 춤을 추다　10 가수
11 스케치; 스케치하다　12 콘서트, 음악회, 연주회
13 ~에 도착하다　14 창작하다, 창조하다
15 휴가; 방학　16 lost　17 violin　18 artist
19 canvas　20 arrive　21 draw　22 musical
23 musician　24 paint　25 stay　26 view
27 song　28 pianist　29 crayon　30 leave

1 예술가, 화가　2 신비; 수수께끼; 추리 소설
3 배경　4 소설　5 시　6 수필　7 여왕
8 (연필·펜 등으로) 그리다　9 배우
10 영화; 촬영하다　11 음악가　12 (물감으로)
그리다; 페인트칠하다; 물감; 페인트
13 마침내, 결국　14 노래　15 단어, 낱말; 말
16 famous　17 role　18 magic　19 actress
20 story　21 show　22 hero　23 run away
24 create　25 hope　26 drama　27 secret
28 sketch　29 comedy　30 movie

1 역할; 배역　2 오직, 단지; 유일한　3 희망, 소망;
바라다, 기대하다　4 바로, 막, 방금; 그저　5 여배우
6 아마, 어쩌면　7 그래서; 매우, 정말; 그렇게
8 너무; (~도) 또한　9 더 이상, 이제는
10 예를 들어　11 실제로; 사실은　12 이야기
13 정확히, 꼭　14 도망치다, 달아나다
15 또한, ~도　16 in the end　17 either
18 by the way　19 film　20 background
21 suddenly　22 anyway　23 about
24 at the same time　25 then　26 because

27 poem　28 novel　29 while　30 and so on

1 갑자기　2 숲, 삼림　3 잎, 나뭇잎　4 그런데
5 어쨌든　6 언덕, 낮은 산　7 꽃　8 돌, 돌멩이
9 하늘　10 동시에[함께]　11 호수　12 (기타) 등등
13 나무, 목재; 숲　14 지면, 바닥; 땅　15 자연
16 anymore　17 river　18 maybe　19 land
20 exactly　21 tree　22 sea　23 mountain
24 rock　25 actually　26 fruit
27 for example　28 sand　29 beach
30 pond

1 해변, 바닷가　2 곤충　3 꼬리　4 육지; 땅;
착륙하다　5 둥지　6 모래　7 강　8 털; 모피
9 (새·곤충이) 날다; 비행하다　10 원숭이
11 쥐, 생쥐　12 속도　13 젖소, 암소　14 바위,
암석　15 늑대　16 nature　17 hunt　18 ant
19 spider　20 bee　21 wood　22 lay
23 giraffe　24 lake　25 elephant　26 ground
27 hide　28 leaf　29 animal　30 snake

1 숨기다; 숨다　2 추운, 차가운　3 구름
4 바람이 많이 부는　5 안개　6 좋은; 건강한; 맑은
7 계절　8 동물　9 사냥하다　10 봄
11 비 오는, 비가 많은　12 서늘한, 시원한
13 꿀벌; 벌　14 겨울　15 놓다[두다]; (알을) 낳다
16 nest　17 weather　18 summer　19 warm
20 fur　21 tail　22 fall　23 snow　24 rainbow
25 speed　26 cloudy　27 sunny　28 hot
29 fly　30 shower

1 구름이 잔뜩 낀, 흐린 2 농장 3 쌀, 밥; 벼
4 소나기; 샤워(하기) 5 따뜻한 6 부유한, 부자인
7 날씨 8 (재난·위험 등에서) 구하다; 저축하다
9 돼지 10 가난한, 불쌍한; (질적으로) 좋지 못한
11 공장 12 들판, 밭 13 양 14 (사람·동물이)
자라다; 기르다, 재배하다 15 가을; 떨어지다
16 rainy 17 fish 18 corn 19 produce
20 ship 21 machine 22 waste 23 fine
24 vegetable 25 cloud 26 lend
27 season 28 fog 29 goat 30 business

1 빌려주다 2 법 3 기계 4 지역의, 현지의
5 (큰) 배; (배나 다른 수단으로) 수송하다
6 구성원; 회원 7 사회 8 생산하다 9 무리,
집단; 단체 10 문화 11 전쟁 12 ~에서 오다,
~ 출신이다 13 (신문·TV 등의) 매체
14 낭비하다; 낭비; 쓰레기, 폐기물 15 보살핌,
돌봄; 상관하다; 돌보다 16 grow 17 belong
18 in need 19 peace 20 save 21 poor
22 make fun of 23 believe in 24 farm
25 strongly 26 nation 27 news 28 own
29 factory 30 report

1 ~를 놀리다[비웃다] 2 수수께끼, 퍼즐
3 궁핍한, 어려움에 처한 4 과학자 5 속하다
6 마침내, 결국 7 열쇠; (성취의) 비결[열쇠]
8 자기 자신의; 고유한; 소유하다 9 발명하다
10 올리다, 게시하다 11 결과
12 딸깍 소리가 나다; (마우스를) 클릭하다[누르다]
13 상, 상품 14 국가 15 반복하다, 되풀이하다
16 culture 17 online 18 luck 19 local
20 discover 21 media 22 find out
23 be from 24 wonder 25 file 26 law

27 test 28 case 29 search 30 mix

1 ~을 알아내다[찾아내다] 2 재활용하다
3 섞다, 혼합하다 4 구멍, 홀; 구덩이
5 연기; 연기를 뿜다; 담배 피우다 6 궁금하다;
경이, 놀라움 7 쓰레기 8 묻다 9 빛; (전)등;
가벼운 10 에너지; 에너지원 11 공기, 대기
12 지구 13 보호하다, 지키다 14 발견하다
15 경우, 사례 16 at last 17 invent 18 fire
19 be made up of 20 rocket 21 moon
22 float 23 global warming 24 shine
25 space 26 result 27 environment
28 post 29 repeat 30 cover

나만의 주제별
영단어 학습 플래너

VOCA
PLANNER

중등 기본

미니 단어장

Day 1 | 사람

Date 년 월 일

외운 단어에 V 못외운 단어에 ★

□ person	ⓝ (개개의) 사람, 개인	□ man	ⓝ (성인) 남자, 남성
□ people	ⓝ 사람들; 국민	□ woman	ⓝ (성인) 여자, 여성
□ every	ⓐ 모든, 모두; 매~, ~마다	□ female	ⓐ 여성의 ⓝ 여성
□ age	ⓝ 나이, 연령	□ cute	ⓐ 귀여운, 예쁜
□ young	ⓐ 젊은, 어린	□ pretty	ⓐ 예쁜, 귀여운 ⓐⓓ 꽤; 아주
□ old	ⓐ 늙은, 나이 먹은; 오래된, 낡은	□ handsome	ⓐ 잘생긴, 멋진
□ baby	ⓝ 아기	□ beautiful	ⓐ 아름다운
□ kid	ⓝ 아이, 어린이 ⓥ 농담하다	□ tall	ⓐ 키가 큰; (건물 등이) 높은
□ teenager	ⓝ 십대(13~19세 청소년)	□ fat	ⓐ 뚱뚱한, 살찐
□ adult	ⓝ 어른, 성인	□ look like	~처럼 보이다; ~할 것 같다

TO-DO LIST

□ MP3 듣기　　□ 표제어와 예문 읽기　　□ 파생어 외우기
□ Daily Check-up 풀기　　□ 누적 테스트 풀기　　□ 틀린 단어 복습하기
□　　□　　□

2

외운 단어에 V 못외운 단어에 ★

□ feel	ⓥ (감정·기분이) 들다[느끼다]	□ tear	ⓝ 눈물
□ like	ⓥ 좋아하다 prep ~처럼	□ afraid	ⓐ 두려워하는, 무서워하는
□ happy	ⓐ 행복한; 즐거운	□ worried	ⓐ 걱정하는
□ glad	ⓐ 기쁜	□ angry	ⓐ 화가 난, 성난
□ excited	ⓐ 신이 난, 흥분한	□ hate	ⓥ (몹시) 싫어하다, 미워하다
□ have fun	즐기다, 즐거운 시간을 보내다	□ sorry	ⓐ 유감스러운; 미안한
□ proud	ⓐ 자랑스러운, 자랑스러워하는	□ thank	ⓥ 감사하다
□ surprised	ⓐ 놀란	□ bored	ⓐ 지루해하는
□ sad	ⓐ 슬픈	□ lonely	ⓐ 외로운, 쓸쓸한
□ cry	ⓥ 울다; 외치다	□ strange	ⓐ 이상한; 낯선

TO-DO LIST

□ MP3 듣기	□ 표제어와 예문 읽기	□ 파생어 외우기
□ Daily Check-up 풀기	□ 누적 테스트 풀기	□ 틀린 단어 복습하기
□	□	□

외운 단어에 V 못외운 단어에 ★

☐ kind	ⓐ 친절한, 상냥한 ⓝ 종류	☐ careful	ⓐ 조심하는, 신중한
☐ smile	ⓥ 미소 짓다, 웃다 ⓝ 미소, 웃음	☐ honest	ⓐ 정직한; 솔직한
☐ friendly	ⓐ 친절한; 다정한	☐ clever	ⓐ 영리한, 총명한
☐ lively	ⓐ 활기 넘치는, 활발한	☐ wise	ⓐ 현명한, 지혜로운
☐ funny	ⓐ 웃기는; 재미있는	☐ lie	ⓥ 거짓말하다 ⓝ 거짓말
☐ laugh	ⓥ (소리 내어) 웃다	☐ foolish	ⓐ 어리석은; 바보 같은
☐ brave	ⓐ 용감한	☐ stupid	ⓐ 어리석은, 멍청한
☐ on one's own	혼자서; 혼자 힘으로	☐ lazy	ⓐ 게으른
☐ quiet	ⓐ 조용한, 고요한	☐ give up	포기하다
☐ calm	ⓐ 차분한, 침착한	☐ shout	ⓥ 소리치다, 외치다

TO-DO LIST

☐ MP3 듣기	☐ 표제어와 예문 읽기	☐ 파생어 외우기
☐ Daily Check-up 풀기	☐ 누적 테스트 풀기	☐ 틀린 단어 복습하기
☐	☐	☐

외운 단어에 √ 못외운 단어에 ★

☐ hobby	ⓝ 취미	☐ spend	ⓥ (돈을) 쓰다; (시간을) 보내다
☐ favorite	ⓐ 가장 좋아하는	☐ watch	ⓥ 보다, 지켜보다 ⓝ 손목시계
☐ enjoy	ⓥ 즐기다	☐ swim	ⓥ 수영하다
☐ be interested in	~에 관심[흥미]이 있다	☐ dream	ⓝ 꿈 ⓥ (자면서) 꿈을 꾸다; (바라는 일을) 꿈꾸다
☐ be good at	~을 잘하다	☐ goal	ⓝ 목표, 목적; 골
☐ free	ⓐ 자유로운; 한가한; 무료의	☐ wish	ⓥ 바라다, 원하다 ⓝ 소원, 바람
☐ popular	ⓐ 인기 있는	☐ plan	ⓥ 계획하다 ⓝ 계획
☐ play	ⓥ 놀다; (운동·게임 등을) 하다; 연주하다	☐ reach	ⓥ ~에 도착[도달] 하다
☐ collect	ⓥ 수집하다, 모으다	☐ come true	실현되다, 이루어지다
☐ build	ⓥ 짓다, 세우다	☐ try	ⓥ 노력하다; 시도하다

외운 단어에 V 못외운 단어에 ★

□ family	ⓝ 가족, 가정	□ fall in love with	~와 사랑에 빠지다
□ home	ⓝ 집, 가정 / ⓪ 집에, 집으로	□ marry	ⓥ 결혼하다
□ live	ⓥ 살다	□ husband	ⓝ 남편
□ together	⓪ 함께, 같이	□ wife	ⓝ 아내
□ parent	ⓝ 부모	□ be born	태어나다
□ child	ⓝ 아이, 어린이; 자식	□ raise	ⓥ (들어) 올리다; 기르다, 키우다
□ daughter	ⓝ 딸	□ uncle	ⓝ 삼촌
□ son	ⓝ 아들	□ aunt	ⓝ 고모, 이모, 숙모
□ brother	ⓝ 형, 오빠, 남동생	□ cousin	ⓝ 사촌
□ sister	ⓝ 언니, 누나, 여동생	□ say hello to	~에게 안부를 전하다, ~에게 인사하다

TO-DO LIST

□ MP3 듣기   □ 표제어와 예문 읽기   □ 파생어 외우기

□ Daily Check-up 풀기   □ 누적 테스트 풀기   □ 틀린 단어 복습하기

□   □   □

외운 단어에 V · 못외운 단어에 ★

☐ get up	(잠자리에서) 일어나다	☐ share	ⓥ 함께 쓰다; 나누다
☐ wash	ⓥ 씻다; 세척하다	☐ take out	꺼내다; 내다 버리다
☐ eat	ⓥ 먹다	☐ feed	ⓥ 먹이를 주다
☐ breakfast	ⓝ 아침 식사	☐ water	ⓥ 물을 주다 ⓝ 물
☐ dinner	ⓝ 저녁 식사	☐ fix	ⓥ 고치다, 수리하다
☐ brush	ⓥ 솔질하다, 닦다 ⓝ 붓, 솔	☐ walk	ⓥ 걷다; 산책시키다 ⓝ 걷기, 산책
☐ bath	ⓝ 목욕	☐ help	ⓥ 돕다 ⓝ 도움
☐ go to bed	자다, 잠자리에 들다	☐ diary	ⓝ 일기
☐ cook	ⓥ 요리하다 ⓝ 요리사	☐ turn off	~을 끄다
☐ clean	ⓥ 청소하다 ⓐ 깨끗한	☐ stay up	(늦게까지) 깨어 있다

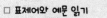

TO-DO LIST

☐ MP3 듣기   ☐ 표제어와 예문 읽기   ☐ 파생어 외우기

☐ Daily Check-up 풀기   ☐ 누적 테스트 풀기   ☐ 틀린 단어 복습하기

☐   ☐   ☐

Day 7 집

외운 단어에 ∨ 못외운 단어에 ★

□ house	ⓝ 집, 주택	□ floor	ⓝ 바닥; (건물의) 층
□ roof	ⓝ 지붕	□ wall	ⓝ 벽
□ fence	ⓝ 담, 울타리	□ stair	ⓝ 계단
□ garden	ⓝ 정원, 뜰	□ thing	ⓝ 물건, 것; (사실·상황 등의) 일
□ bedroom	ⓝ 침실	□ furniture	ⓝ 가구
□ bathroom	ⓝ 욕실, 화장실	□ mirror	ⓝ 거울
□ living room	ⓝ 거실	□ curtain	ⓝ 커튼
□ kitchen	ⓝ 부엌, 주방	□ umbrella	ⓝ 우산
□ door	ⓝ 문	□ clock	ⓝ 시계
□ window	ⓝ 창문	□ ladder	ⓝ 사다리

TO-DO LIST

□ MP3 듣기
□ 표제어와 예문 읽기
□ 파생어 외우기
□ Daily Check-up 풀기
□ 누적 테스트 풀기
□ 틀린 단어 복습하기
□
□
□

외운 단어에 V / 못외운 단어에 ★

☐ food	ⓝ 음식, 식량; 식품	☐ fork	ⓝ 포크
☐ meal	ⓝ 식사	☐ chopstick	ⓝ (주로 복수로) 젓가락
☐ snack	ⓝ 간식, 간단한 식사	☐ tasty	ⓐ 맛있는
☐ drink	ⓥ 마시다 ⓝ 음료	☐ fresh	ⓐ 신선한
☐ knife	ⓝ 칼	☐ salt	ⓝ 소금
☐ scissors	ⓝ 가위	☐ sugar	ⓝ 설탕
☐ bowl	ⓝ (우묵한) 그릇, 사발	☐ pepper	ⓝ 후추; 고추; 피망
☐ plate	ⓝ (납작하고 둥근) 접시	☐ boil	ⓥ 끓다, 끓이다; 삶다
☐ bottle	ⓝ 병	☐ bake	ⓥ 굽다
☐ glass	ⓝ 유리; 유리컵; 한 잔	☐ fry	ⓥ (기름에) 굽다, 튀기다

TO-DO LIST

☐ MP3 듣기   ☐ 표제어와 예문 읽기   ☐ 파생어 외우기

☐ Daily Check-up 풀기   ☐ 누적 테스트 풀기   ☐ 틀린 단어 복습하기

☐   ☐   ☐

외운 단어에 V 못외운 단어에 ★

□ student	ⓝ 학생	□ playground	ⓝ 운동장, 놀이터
□ teacher	ⓝ 선생, 교사	□ library	ⓝ 도서관
□ late	ⓐ 늦은, 지각한 ⓐⓓ 늦게	□ class	ⓝ 반, 학급; 수업
□ classmate	ⓝ 반 친구, 급우	□ subject	ⓝ 과목
□ textbook	ⓝ 교과서	□ math	ⓝ 수학
□ notebook	ⓝ 공책, 노트	□ science	ⓝ 과학
□ note	ⓝ 메모; (복수로) 필기, 기록	□ history	ⓝ 역사
□ board	ⓝ 판자; 칠판; 게시판	□ language	ⓝ 언어
□ classroom	ⓝ 교실	□ music	ⓝ 음악
□ hall	ⓝ 복도; 홀, 회관	□ art	ⓝ 미술; 예술

TO-DO LIST

□ MP3 듣기	□ 표제어와 예문 읽기	□ 파생어 외우기
□ Daily Check-up 풀기	□ 누적 테스트 풀기	□ 틀린 단어 복습하기
□	□	□

외운 단어에 V / 못외운 단어에 ★

□ elementary	ⓐ 초보의; 초등학교의	□ listen	ⓥ 듣다, 귀 기울이다
□ middle	ⓐ 중간의, 한가운데의 ⓝ 중앙	□ question	ⓝ 질문; (시험 등의) 문제
□ enter	ⓥ 들어가다; 입학하다	□ ask	ⓥ 묻다, 질문하다; 요청하다
□ begin	ⓥ 시작하다	□ answer	ⓥ 대답하다 ⓝ 답, 대답
□ finish	ⓥ 마치다, 끝내다	□ exam	ⓝ 시험
□ be over	끝나다	□ problem	ⓝ 문제
□ learn	ⓥ 배우다	□ solve	ⓥ 풀다; 해결하다
□ read	ⓥ 읽다	□ easy	ⓐ 쉬운
□ write	ⓥ 쓰다	□ difficult	ⓐ 어려운
□ explain	ⓥ 설명하다	□ grade	ⓝ 학년, 성적

TO-DO LIST

□ MP3 듣기	□ 표제어와 예문 읽기	□ 파생어 외우기
□ Daily Check-up 풀기	□ 누적 테스트 풀기	□ 틀린 단어 복습하기
□	□	□

외운 단어에 V 못외운 단어에 ★

☐ study	ⓥ 공부하다 ⓝ 공부, 학습	☐ fight	ⓥ 싸우다
☐ check	ⓥ 확인하다, 점검하다	☐ close	ⓐ 가까운; 친한 ⓥ 닫다
☐ homework	ⓝ 숙제	☐ same	ⓐ 같은, 동일한
☐ effort	ⓝ 노력	☐ different	ⓐ 다른; 여러 가지의
☐ excellent	ⓐ 우수한, 훌륭한	☐ forever	ⓐⓓ 영원히
☐ break	ⓥ 깨어지다; 부수 다; 고장 나다 ⓝ 휴식 (시간)	☐ nickname	ⓝ 별명
☐ hard	ⓐ 딱딱한, 단단한; 어려운 ⓐⓓ 열심히	☐ call	ⓥ 부르다; 전화하다 ⓝ 전화 (통화)
☐ hand in	~을 제출하다	☐ joke	ⓝ 농담 ⓥ 농담하다
☐ make friends	친구를 사귀다	☐ still	ⓐⓓ 아직도, 여전히
☐ get along with	~와 잘 지내다	☐ after school	방과 후에

TO-DO LIST

☐ MP3 듣기   ☐ 표제어와 예문 읽기   ☐ 파생어 외우기

☐ Daily Check-up 풀기   ☐ 누적 테스트 풀기   ☐ 틀린 단어 복습하기

☐   ☐   ☐

Day 12 | 직장과 직업

Date 년   월   일

외운 단어에 V 못외운 단어에 ★

□ job	ⓝ 직장, 일, 일자리	□ mistake	ⓝ 실수, 잘못
□ work	ⓥ 일하다, 근무하다 ⓝ 일; 직장	□ happen	ⓥ 생기다, 일어나다
□ company	ⓝ 회사	□ reporter	ⓝ 기자
□ office	ⓝ 사무실, 사무소	□ soldier	ⓝ 군인
□ skill	ⓝ 숙련; 기술	□ driver	ⓝ 운전사; 운전자
□ chance	ⓝ 기회; 가능성	□ chef	ⓝ 요리사, 주방장
□ meeting	ⓝ 회의	□ farmer	ⓝ 농부
□ busy	ⓐ 바쁜, 분주한	□ police officer	ⓝ 경찰관
□ succeed	ⓥ 성공하다	□ designer	ⓝ 디자이너; 설계자
□ fail	ⓥ 실패하다; (시험에) 떨어지다	□ firefighter	ⓝ 소방관

TO-DO LIST

- □ MP3 듣기
- □ 표제어와 예문 읽기
- □ 파생어 외우기
- □ Daily Check-up 풀기
- □ 누적 테스트 풀기
- □ 틀린 단어 복습하기
- □
- □
- □

외운 단어에 V 못외운 단어에 ★

☐ introduce	ⓥ 소개하다	☐ send	ⓥ 보내다
☐ shake	ⓥ 흔들다; 악수하다	☐ receive	ⓥ 받다
☐ welcome	ⓥ 환영하다	☐ mail	ⓝ 우편; 우편물; (컴퓨터) 메일
☐ greet	ⓥ 인사하다; 환영하다, 맞다	☐ message	ⓝ 메시지, 전갈
☐ hug	ⓥ 포옹하다, 껴안다	☐ chat	ⓥ 수다 떨다; (인터 넷으로) 채팅하다 ⓝ 잡담, 수다
☐ guest	ⓝ 손님	☐ understand	ⓥ 이해하다
☐ speak	ⓥ 말하다; 연설하다	☐ nobody	pron 아무도 ~않다
☐ talk	ⓥ 이야기하다, 말하다	☐ refuse	ⓥ 거절하다, 거부하다
☐ mean	ⓥ ~라는 뜻이다, 의미하다	☐ trouble	ⓝ 곤란, 골칫거리, 애
☐ loudly	ad 큰 소리로, 시끄럽게	☐ forgive	ⓥ 용서하다

TO-DO LIST

☐ MP3 듣기	☐ 표제어와 예문 읽기	☐ 파생어 외우기
☐ Daily Check-up 풀기	☐ 누적 테스트 풀기	☐ 틀린 단어 복습하기
☐	☐	☐

Day 14 생각

Date   년   월   일

외운 단어에 V 못외운 단어에 ★

☐ think	ⓥ 생각하다	☐ reason	ⓝ 이유
☐ guess	ⓥ 추측하다, 짐작하다 ⓝ 추측, 짐작	☐ prefer	ⓥ 선호하다, 더 좋아하다
☐ know	ⓥ 알다; 이해하다	☐ clear	ⓐ 분명한, 확실한; 맑은
☐ remember	ⓥ 기억하다	☐ idea	ⓝ 생각, 발상
☐ memory	ⓝ 기억(력); 추억	☐ advice	ⓝ 조언, 충고
☐ forget	ⓥ 잊다	☐ tip	ⓝ 조언; 팁, 사례금
☐ decide	ⓥ 결정하다; 결심하다	☐ choice	ⓝ 선택; 선택권
☐ believe	ⓥ 믿다; 생각하다	☐ helpful	ⓐ 도움이 되는, 유익한
☐ trust	ⓥ 신뢰하다	☐ nod	ⓥ (고개를) 끄덕이다
☐ agree	ⓥ 동의하다	☐ support	ⓥ 지지하다 ⓝ 지지

TO-DO LIST

☐ MP3 듣기   ☐ 표제어와 예문 읽기   ☐ 파생어 외우기

☐ Daily Check-up 풀기   ☐ 누적 테스트 풀기   ☐ 틀린 단어 복습하기

☐   ☐   ☐

15

외운 단어에 V   못외운 단어에 ★

☐ rule	ⓝ 규칙	☐ excuse	ⓥ (무례 등을) 용서하다 ⓝ 변명
☐ follow	ⓥ 따라가다[오다]; (지시 등을) 따르다	☐ line	ⓝ 선; 줄
☐ teach	ⓥ 가르치다	☐ important	ⓐ 중요한
☐ behavior	ⓝ 행동	☐ voice	ⓝ 목소리
☐ avoid	ⓥ 피하다	☐ knock	ⓥ (문 등을) 두드리다, 노크하다
☐ wrong	ⓐ 잘못된, 틀린	☐ each other	서로
☐ without	prep ~ 없이	☐ promise	ⓥ 약속하다 ⓝ 약속
☐ all the time	늘, 항상	☐ on time	제 시간에, 시간을 어기지 않고
☐ polite	ⓐ 예의 바른, 공손한	☐ wait	ⓥ 기다리다
☐ please	ad 부디, 제발 ⓥ 기쁘게 하다	☐ put off	(시간·날짜를) 미루다, 연기하다

TO-DO LIST

☐ MP3 듣기   ☐ 표제어와 예문 읽기   ☐ 파생어 외우기

☐ Daily Check-up 풀기   ☐ 누적 테스트 풀기   ☐ 틀린 단어 복습하기

☐   ☐   ☐

외운 단어에 V 못외운 단어에 ★

□ body	ⓝ 몸, 신체	□ knee	ⓝ 무릎
□ head	ⓝ 머리 ⓥ 향하다	□ foot	ⓝ 발
□ hair	ⓝ 머리카락; 털	□ see	ⓥ 보다; 알다, 이해하다
□ tooth	ⓝ 이, 치아	□ hear	ⓥ 듣다, 들리다
□ tongue	ⓝ 혀	□ sound	ⓥ ~처럼 들리다 ⓝ 소리
□ neck	ⓝ 목	□ smell	ⓥ 냄새가 나다; 냄새 맡다 ⓝ 냄새, 향
□ shoulder	ⓝ 어깨	□ touch	ⓥ 만지다
□ arm	ⓝ 팔	□ taste	ⓥ 맛을 보다; ~ 맛이 나다 ⓝ 맛
□ finger	ⓝ 손가락	□ hungry	ⓐ 배고픈
□ leg	ⓝ 다리	□ thirsty	ⓐ 목마른

TO-DO LIST

□ MP3 듣기　　□ 표제어와 예문 읽기　　□ 파생어 외우기
□ Daily Check-up 풀기　　□ 누적 테스트 풀기　　□ 틀린 단어 복습하기
□　　□　　□

17

외운 단어에 V 못외운 단어에 ★

□ sleep	ⓥ 잠자다 ⓝ 잠, 수면	□ bring	ⓥ 가져오다; 데려오다
□ wake	ⓥ (잠에서) 깨다; 깨우다	□ drop	ⓥ 떨어뜨리다; 떨어지다
□ put on	~을 입다[쓰다/ 신다]	□ move	ⓥ 움직이다; 옮기다, 이사하다
□ take off	~을 벗다	□ step	ⓝ (발)걸음; 단계
□ stand	ⓥ 서다, 서 있다	□ jump	ⓥ 뛰다, 뛰어오르다
□ sit	ⓥ 앉다; 앉아 있다	□ swing	ⓥ 흔들다, 흔들리다; 휘두르다
□ push	ⓥ 밀다; 누르다	□ wave	ⓥ (손 등을) 흔들다 ⓝ 파도
□ pull	ⓥ 끌다, 잡아당기다	□ climb	ⓥ 오르다, 올라가다
□ hold	ⓥ 잡다, 붙들다; 열다, 개최하다	□ fast	ⓐ 빠른 ⓐⓓ 빨리
□ carry	ⓥ 나르다, 운반하다; 가지고 다니다	□ slowly	ⓐⓓ 천천히, 느리게

TO-DO LIST

□ MP3 듣기　　　　　□ 표제어와 예문 읽기　　　□ 파생어 외우기

□ Daily Check-up 풀기　□ 누적 테스트 풀기　　　□ 틀린 단어 복습하기

□　　　　　　　　　□　　　　　　　　　　□

Day 18 운동

Date 년 월 일

외운 단어에 ∨ 못외운 단어에 ★

☐ soccer	ⓝ 축구	☐ hit	ⓥ 때리다, 치다
☐ baseball	ⓝ 야구	☐ bounce	ⓥ 튀다; 튀어 오르다
☐ volleyball	ⓝ 배구	☐ team	ⓝ 팀, 단체
☐ marathon	ⓝ 마라톤	☐ player	ⓝ 선수, 참가자
☐ skate	ⓥ 스케이트를 타다	☐ join	ⓥ 가입하다; 함께 하다, 합류하다
☐ ski	ⓥ 스키를 타다	☐ win	ⓥ 이기다; (승리·상품 등을) 획득하다
☐ exercise	ⓝ 운동 ⓥ 운동하다	☐ lose	ⓥ 잃어버리다; (경기에서) 지다
☐ kick	ⓥ (발로) 차다	☐ point	ⓝ 요점; 점수 ⓥ 가리키다
☐ catch	ⓥ 잡다	☐ final	ⓐ 마지막의 ⓝ 결승전
☐ throw	ⓥ 던지다	☐ medal	ⓝ 메달

TO-DO LIST

☐ MP3 듣기　　　☐ 표제어와 예문 읽기　　　☐ 파생어 외우기
☐ Daily Check-up 풀기　　☐ 누적 테스트 풀기　　☐ 틀린 단어 복습하기
☐　　　☐　　　☐

19

외운 단어에 V 못외운 단어에 ★

□ sick	ⓐ 아픈, 병든	□ hospital	ⓝ 병원
□ weak	ⓐ 약한, 힘이 없는	□ nurse	ⓝ 간호사
□ tired	ⓐ 피곤한, 지친	□ dentist	ⓝ 치과 의사
□ hurt	ⓥ 다치게 하다; 아프다	□ right away	즉시, 당장
□ catch a cold	감기에 걸리다	□ relax	ⓥ 휴식을 취하다; 긴장을 풀다
□ headache	ⓝ 두통	□ early	ⓐⓓ 일찍 ⓐ 이른, 빠른
□ runny nose	콧물	□ dangerous	ⓐ 위험한
□ heart	ⓝ 심장	□ safe	ⓐ 안전한
□ health	ⓝ 건강	□ die	ⓥ 죽다
□ habit	ⓝ 버릇; 습관	□ remove	ⓥ 제거하다, 치우다

TO-DO LIST

□ MP3 듣기   □ 표제어와 예문 읽기   □ 파생어 외우기

□ Daily Check-up 풀기   □ 누적 테스트 풀기   □ 틀린 단어 복습하기

□   □   □

외운 단어에 V 못외운 단어에 ★

□ place	ⓝ 장소, 곳	□ apartment	ⓝ 아파트
□ bank	ⓝ 은행	□ bakery	ⓝ 제과점, 빵집
□ post office	ⓝ 우체국	□ market	ⓝ 시장
□ mall	ⓝ 쇼핑센터, 쇼핑몰	□ change	ⓥ 변하다; 바꾸다
□ zoo	ⓝ 동물원	□ on one's way to	~로 가는 중[길]에
□ park	ⓝ 공원 ⓥ 주차하다	□ street	ⓝ 거리, 도로
□ bookstore	ⓝ 서점	□ cross	ⓥ 건너다, 가로지르다
□ tower	ⓝ 탑	□ dirty	ⓐ 더러운
□ town	ⓝ 소도시, 읍	□ noisy	ⓐ 시끄러운
□ hometown	ⓝ 고향	□ crowded	ⓐ 붐비는

TO-DO LIST

□ MP3 듣기   □ 표제어와 예문 읽기   □ 파생어 외우기

□ Daily Check-up 풀기   □ 누적 테스트 풀기   □ 틀린 단어 복습하기

□   □   □

21

외운 단어에 V 못외운 단어에 ★

□ east	ⓝ 동쪽 ⓐ 동쪽의	□ among	prep ~의 사이에 (서), (여럿) 중에서
□ west	ⓝ 서쪽 ⓐ 서쪽의	□ next to	prep ~ 바로 옆에
□ south	ⓝ 남쪽 ⓐ 남쪽의	□ around	prep ~ 주위에, 빙 둘러
□ north	ⓝ 북쪽 ⓐ 북쪽의	□ along	prep ~을 따라
□ right	ⓐ 옳은; 맞는; 오른쪽의 ⓐd 오른쪽으로	□ near	prep ~에서 가까이 ⓐ 가까운 ⓐd 가까이
□ left	ⓐ 왼쪽의 ⓐd 왼쪽으로	□ far	ⓐd 멀리; 떨어져 ⓐ 먼, 멀리 있는
□ under	prep ~ 아래에, ~의 바로 밑에	□ top	ⓝ 꼭대기, 맨 위
□ in front of	~ 앞에	□ bottom	ⓝ 맨 아래; 바닥
□ behind	prep ~의 뒤에	□ corner	ⓝ 구석, 모퉁이
□ between	prep 사이에	□ inside	prep ~의 안에 ⓝ 내부 ⓐd 안에

TO-DO LIST

□ MP3 듣기   □ 표제어와 예문 읽기   □ 파생어 외우기
□ Daily Check-up 풀기   □ 누적 테스트 풀기   □ 틀린 단어 복습하기
□   □   □

22

외운 단어에 V　못외운 단어에 ★

□ road	ⓝ 도로, 길	□ motorcycle	ⓝ 오토바이
□ bridge	ⓝ 다리, 교량	□ seat	ⓝ 좌석, 자리
□ tunnel	ⓝ 터널	□ station	ⓝ 정거장, 역
□ sign	ⓝ 표지판 ⓥ 서명하다	□ airport	ⓝ 공항
□ stop	ⓥ 멈추다, 정지하다 ⓝ 멈춤; 정류장	□ drive	ⓥ 운전하다
□ train	ⓝ 기차, 열차	□ ride	ⓥ 타다 ⓝ 타기
□ airplane	ⓝ 비행기	□ get on	~에 타다, 승차하다
□ subway	ⓝ 지하철	□ get off	~에서 내리다, 하차하다
□ boat	ⓝ (작은) 배, 보트	□ pick up	~를 (차에) 태우러 가다[태우다]
□ bike	ⓝ 자전거	□ on foot	걸어서, 도보로

TO-DO LIST

□ MP3 듣기　　　　□ 표제어와 예문 읽기　　　□ 파생어 외우기

□ Daily Check-up 풀기　□ 누적 테스트 풀기　　　□ 틀린 단어 복습하기

□　　　　　　　　□　　　　　　　　　□

외운 단어에 V 못외운 단어에 ★

□ shape	ⓝ 모양, 형태	□ long	ⓐ 긴
□ form	ⓝ 형태, 모양 ⓥ 형성하다, ~로 만들다	□ short	ⓐ 짧은; 키가 작은
□ dot	ⓝ 점	□ high	ⓐ 높은 ⓐ 높이
□ circle	ⓝ 원	□ low	ⓐ 낮은 ⓐ 낮게
□ triangle	ⓝ 삼각형	□ large	ⓐ 큰, 커다란
□ square	ⓝ 정사각형	□ soft	ⓐ 부드러운, 연한
□ color	ⓝ 색, 색깔	□ sharp	ⓐ 날카로운; 뾰족한
□ colorful	ⓐ 색채가 풍부한, 다채로운	□ deep	ⓐ 깊은 ⓐ 깊이, 깊게
□ dark	ⓐ 어두운; 짙은	□ wet	ⓐ 젖은
□ bright	ⓐ 밝은, 빛나는; (색이) 선명한	□ dry	ⓐ 마른, 건조한 ⓥ 말리다; 마르다

TO-DO LIST

□ MP3 듣기   □ 표제어와 예문 읽기   □ 파생어 외우기

□ Daily Check-up 풀기   □ 누적 테스트 풀기   □ 틀린 단어 복습하기

□   □   □

외운 단어에 V / 못외운 단어에 ★

☐ number	ⓝ 수, 숫자; 번호	☐ both	ⓐ 둘 다의 pron 둘 다
☐ hundred	ⓝ 백, 100 ⓐ 100의	☐ each	ⓐ 각각의, 각자의 pron 각각, 각자
☐ single	ⓐ 단 하나의; 1인용의	☐ some	ⓐ 몇몇의, 약간의 pron 몇몇; 일부
☐ first	ⓐ 첫 번째의; 최초의 ad 첫째로; 우선	☐ part	ⓝ 일부, 약간; 부분
☐ second	ⓐ 두 번째의 ⓝ (시간) 초	☐ cut	ⓥ 베다; 자르다
☐ third	ⓐ 세 번째의 ad 세 번째로	☐ many	ⓐ (수가) 많은 pron 다수
☐ once	ad 한 번	☐ much	ⓐ (양이) 많은 pron 다량, 많음 ad 매우
☐ twice	ad 두 번	☐ a few	(수가) 약간의, 몇몇의
☐ all	ⓐ 모든 pron 모두	☐ a little	(양이) 약간의, 조금의
☐ half	ⓝ 반, 절반	☐ nothing	pron 아무것도 ~아니다[없다]

TO-DO LIST

☐ MP3 듣기	☐ 표제어와 예문 읽기	☐ 파생어 외우기
☐ Daily Check-up 풀기	☐ 누적 테스트 풀기	☐ 틀린 단어 복습하기
☐	☐	☐

외운 단어에 ✓ 못외운 단어에 ★

☐ minute	ⓝ 분; 잠깐	☐ soon	ⓐⓓ 곧, 이내
☐ hour	ⓝ 한 시간; 시간	☐ during	prep ~ 동안[내내]
☐ date	ⓝ 날짜	☐ past	ⓝ 과거 ⓐ 과거의; 지난
☐ afternoon	ⓝ 오후	☐ present	ⓝ 현재; 선물 ⓐ 현재의, 오늘날의
☐ evening	ⓝ 저녁	☐ future	ⓝ 미래 ⓐ 미래의, 향후의
☐ tonight	ⓐⓓ 오늘 밤에 ⓝ 오늘 밤	☐ yesterday	ⓐⓓ ⓝ 어제
☐ end	ⓝ 끝 ⓥ 끝나다	☐ tomorrow	ⓐⓓ ⓝ 내일
☐ week	ⓝ 주, 일주일	☐ always	ⓐⓓ 항상, 언제나
☐ month	ⓝ 달, 월	☐ usually	ⓐⓓ 보통, 대개
☐ year	ⓝ 해, 1년; 나이	☐ often	ⓐⓓ 흔히, 자주

TO-DO LIST

☐ MP3 듣기   ☐ 표제어와 예문 읽기   ☐ 파생어 외우기

☐ Daily Check-up 풀기   ☐ 누적 테스트 풀기   ☐ 틀린 단어 복습하기

☐   ☐   ☐

외운 단어에 V 못외운 단어에 ★

☐ shop	ⓝ 가게, 상점 ⓥ (물건을) 사다	☐ select	ⓥ 고르다; 선발하다
☐ store	ⓝ 상점, 가게	☐ really	ⓐⓓ 정말로; 실제로
☐ sell	ⓥ 팔다; 팔리다	☐ simple	ⓐ 단순한, 간단한
☐ sale	ⓝ 판매; 할인 판매	☐ look good on	~에게 잘 어울리다
☐ look for	~을 찾다[구하다]	☐ buy	ⓥ 사다, 구입하다
☐ try on	입에[신어] 보다	☐ price	ⓝ 가격, 값
☐ used	ⓐ 중고의	☐ pay	ⓥ 지불하다
☐ another	ⓟⓡⓞⓝ 또 하나의 것; 다른 것 ⓐ 또 하나의; 다른	☐ cheap	ⓐ (값이) 싼, 저렴한
☐ anything else	그밖에 다른 것	☐ expensive	ⓐ 값비싼
☐ choose	ⓥ 고르다, 선택하다	☐ coupon	ⓝ 쿠폰, 할인권

TO-DO LIST

☐ MP3 듣기   ☐ 표제어와 예문 읽기   ☐ 파생어 외우기

☐ Daily Check-up 풀기   ☐ 누적 테스트 풀기   ☐ 틀린 단어 복습하기

☐   ☐   ☐

Date 년 월 일

외운 단어에 V 못외운 단어에 ★

☐ shirt	ⓝ 셔츠	☐ model	ⓝ 모형; 모델
☐ jacket	ⓝ 재킷, 상의	☐ lovely	ⓐ 사랑스러운, 귀여운
☐ pants	ⓝ 바지	☐ these days	요즘(에는)
☐ shorts	ⓝ 반바지	☐ wear	ⓥ 입고[쓰고/신고] 있다
☐ pair	ⓝ 한 벌; 한 쌍	☐ necklace	ⓝ 목걸이
☐ dress	ⓝ 드레스, 원피스; 의복, 옷	☐ earring	ⓝ (주로 복수로) 귀고리
☐ skirt	ⓝ 치마	☐ glove	ⓝ (주로 복수로) 장갑
☐ fashion	ⓝ 유행, 패션	☐ sock	ⓝ (주로 복수로) 양말
☐ design	ⓥ 디자인; 디자인 하다, 설계하다	☐ pocket	ⓝ 주머니
☐ type	ⓝ 유형, 종류	☐ button	ⓝ (옷의) 단추; (기계 작동의) 버튼

외운 단어에 V   못외운 단어에 ★

□ event	ⓝ (중요한) 사건, 행사	□ ready	ⓐ 준비된
□ birthday	ⓝ 생일	□ candle	ⓝ (양)초
□ wedding	ⓝ 결혼(식)	□ visit	ⓥ 방문하다
□ special	ⓐ 특별한	□ host	ⓝ 주인, 주최자
□ festival	ⓝ 축제	□ gather	ⓥ 모이다, 모으다
□ parade	ⓝ 행렬, 퍼레이드, 행진	□ gift	ⓝ 선물
□ take place	열리다, 개최되다	□ fill	ⓥ 채우다, 메우다
□ invite	ⓥ 초대하다	□ mask	ⓝ 가면, 마스크
□ card	ⓝ 카드	□ clap	ⓥ 박수를 치다, 손뼉을 치다
□ prepare	ⓥ 준비하다	□ last	ⓥ 계속되다, 지속되다 ⓐ 마지막의; 지난

TO-DO LIST

□ MP3 듣기   □ 표제어와 예문 읽기   □ 파생어 외우기

□ Daily Check-up 풀기   □ 누적 테스트 풀기   □ 틀린 단어 복습하기

□   □   □

Day 29 | 외식

Date 년 월 일

외운 단어에 V · 못외운 단어에 ★

☐ restaurant	ⓝ 음식점, 식당, 레스토랑	☐ quick	ⓐ 빠른, 신속한
☐ eat out	외식하다	☐ bill	ⓝ 계산서, 청구서
☐ book	ⓥ 예약하다 ⓝ 책	☐ delicious	ⓐ 아주 맛있는
☐ full	ⓐ 가득 찬; 배부른	☐ dish	ⓝ 접시; 요리
☐ recipe	ⓝ 요리법, 조리법	☐ steak	ⓝ 스테이크; 두껍게 썬 고기
☐ order	ⓝ 주문 ⓥ 명령하다; 주문하다	☐ bread	ⓝ 빵, 식빵
☐ regular	ⓐ 규칙적인; 정기적인; (크기가) 보통의	☐ soup	ⓝ 수프, 국
☐ waiter	ⓝ 웨이터, 종업원	☐ sauce	ⓝ 소스, 양념
☐ menu	ⓝ 메뉴, 차림표	☐ tea	ⓝ 차
☐ serve	ⓥ (음식을) 제공하다, 차려 내다	☐ dessert	ⓝ 디저트, 후식

TO-DO LIST

☐ MP3 듣기   ☐ 표제어와 예문 읽기   ☐ 파생어 외우기

☐ Daily Check-up 풀기   ☐ 누적 테스트 풀기   ☐ 틀린 단어 복습하기

☐   ☐   ☐

외운 단어에 V 못외운 단어에 ★

□ travel	ⓥ 여행하다[가다] ⓝ 여행	□ rent	ⓥ (사용료를 내고) 빌리다
□ trip	ⓝ (짧은) 여행	□ leave	ⓥ 떠나다, 출발하 다; 남기다; 두고 오다
□ tour	ⓝ 관광, 여행	□ arrive	ⓥ 도착하다
□ world	ⓝ 세계; 세상	□ get to	~에 도착하다
□ country	ⓝ 국가, 나라	□ stay	ⓥ 머무르다, 체류하다
□ camping	ⓝ 캠핑, 야영	□ take a picture of	~의 사진을 찍다
□ fishing	ⓝ 낚시	□ map	ⓝ 지도
□ vacation	ⓝ 휴가; 방학	□ wonderful	ⓐ 아주 멋진, 훌륭한
□ holiday	ⓝ 휴일, 공휴일; 휴가	□ lost	ⓐ 길을 잃은; (물건이) 분실된
□ pack	ⓥ (짐을) 싸다, 꾸리다	□ view	ⓝ 풍경, 경치; 견해, 생각

TO-DO LIST

□ MP3 듣기   □ 표제어와 예문 읽기   □ 파생어 외우기
□ Daily Check-up 풀기   □ 누적 테스트 풀기   □ 틀린 단어 복습하기
□ _____   □ _____   □ _____

31

외운 단어에 V / 못외운 단어에 ★

□ musical	ⓐ 음악의, 음악적인 ⋃ 뮤지컬	□ dance	ⓝ 춤; 무용 ⓥ 춤을 추다
□ musician	ⓝ 음악가	□ show	ⓥ 보여 주다 ⓝ 공연, 쇼
□ pianist	ⓝ 피아니스트, 피아노 연주가	□ band	ⓝ 악단, 밴드
□ violin	ⓝ 바이올린	□ magic	ⓝ 마법, 마술
□ song	ⓝ 노래	□ sketch	ⓝ 스케치 ⓥ 스케치하다
□ singer	ⓝ 가수	□ draw	ⓥ (연필·펜 등으로) 그리다
□ artist	ⓝ 예술가, 화가	□ paint	ⓥ (물감으로) 그리다; 페인트칠하다 ⓝ 물감; 페인트
□ create	ⓥ 창작하다, 창조하다	□ crayon	ⓝ 크레용
□ famous	ⓐ 유명한	□ canvas	ⓝ 캔버스 천
□ concert	ⓝ 콘서트, 음악회, 연주회	□ image	ⓝ 모습; 이미지, 인상

TO-DO LIST

□ MP3 듣기 □ 표제어와 예문 읽기 □ 파생어 외우기
□ Daily Check-up 풀기 □ 누적 테스트 풀기 □ 틀린 단어 복습하기
□ □ □

외운 단어에 V 못외운 단어에 ★

□ novel	⑪ 소설	□ secret	⑪ 비밀
□ poem	⑪ 시	□ run away	도망치다, 달아나다
□ essay	⑪ 수필	□ queen	⑪ 여왕
□ drama	⑪ 드라마, 극; 연극	□ in the end	마침내, 결국
□ mystery	⑪ 신비; 수수께끼; 추리 소설	□ movie	⑪ 영화
□ comedy	⑪ 희극, 코미디	□ film	⑪ 영화 ⓥ 촬영하다
□ hope	⑪ 희망, 소망 ⓥ 바라다, 기대하다	□ actor	⑪ 배우
□ story	⑪ 이야기	□ actress	⑪ 여배우
□ word	⑪ 단어, 낱말; 말	□ role	⑪ 역할; 배역
□ hero	⑪ 영웅; (소설·영화 등의) 남자 주인공	□ background	⑪ 배경

TO-DO LIST

□ MP3 듣기	□ 표제어와 예문 읽기	□ 파생어 외우기
□ Daily Check-up 풀기	□ 누적 테스트 풀기	□ 틀린 단어 복습하기
□	□	□

Day 33 | 중요 연결어와 어구 (Date) 년 월 일

외운 단어에 V / 못외운 단어에 ★

□ so	**conj** 그래서 **ad** 매우, 정말; 그렇게	□ either	**ad** (부정문) ~도 또한 (…않다)
□ because	**conj** ~ 때문에	□ just	**ad** 바로; 막, 방금; 그저
□ while	**conj** ~하는 동안 (에)	□ about	**ad** 약, 대략 **prep** ~에 대한 [관한]
□ then	**ad** 그때; 그 다음에	□ only	**ad** 오직, 단지 **a** 유일한
□ actually	**ad** 실제로; 사실은	□ for example	예를 들어
□ suddenly	**ad** 갑자기	□ by the way	(화제를 바꿀 때) 그런데
□ exactly	**ad** 정확히, 꼭	□ anyway	**ad** 어쨌든
□ maybe	**ad** 아마, 어쩌면	□ and so on	(기타) 등등
□ also	**ad** 또한, ~도	□ anymore	**ad** (부정문에서) 더 이상, 이제는
□ too	**ad** 너무; (~도) 또한	□ at the same time	동시에[함께]

TO-DO LIST

□ MP3 듣기 □ 표제어와 예문 읽기 □ 파생어 외우기
□ Daily Check-up 풀기 □ 누적 테스트 풀기 □ 틀린 단어 복습하기
□ □ □

34

외운 단어에 V 못외운 단어에 ★

☐ nature	ⓝ 자연	☐ sea	ⓝ 바다
☐ sky	ⓝ 하늘	☐ beach	ⓝ 해변, 바닷가
☐ ground	ⓝ 지면, 바닥; 땅	☐ river	ⓝ 강
☐ land	ⓝ 육지; 땅 ⓥ 착륙하다	☐ lake	ⓝ 호수
☐ sand	ⓝ 모래	☐ pond	ⓝ 연못
☐ stone	ⓝ 돌, 돌멩이	☐ tree	ⓝ 나무
☐ rock	ⓝ 바위, 암석	☐ wood	ⓝ 나무, 목재; (주로 복수로) 숲
☐ mountain	ⓝ 산	☐ flower	ⓝ 꽃
☐ hill	ⓝ 언덕, 낮은 산	☐ leaf	ⓝ 잎, 나뭇잎
☐ forest	ⓝ 숲, 삼림	☐ fruit	ⓝ 과일; 열매

TO-DO LIST

☐ MP3 듣기   ☐ 표제어와 예문 읽기   ☐ 파생어 외우기

☐ Daily Check-up 풀기   ☐ 누적 테스트 풀기   ☐ 틀린 단어 복습하기

☐   ☐   ☐

외운 단어에 ∨ 못외운 단어에 ★

□ animal	ⓝ 동물	□ spider	ⓝ 거미
□ cow	ⓝ 젖소, 암소	□ snake	ⓝ 뱀
□ mouse	ⓝ 쥐, 생쥐	□ fly	ⓥ (새·곤충이) 날다; 비행하다
□ monkey	ⓝ 원숭이	□ hunt	ⓥ 사냥하다
□ wolf	ⓝ 늑대	□ hide	ⓥ 숨기다; 숨다
□ elephant	ⓝ 코끼리	□ lay	ⓥ 놓다[두다]; (알을) 낳다
□ giraffe	ⓝ 기린	□ nest	ⓝ 둥지
□ insect	ⓝ 곤충	□ speed	ⓝ 속도
□ ant	ⓝ 개미	□ tail	ⓝ 꼬리
□ bee	ⓝ 꿀벌; 벌	□ fur	ⓝ 털; 모피

TO-DO LIST

□ MP3 듣기　　□ 표제어와 예문 읽기　　□ 파생어 외우기
□ Daily Check-up 풀기　　□ 누적 테스트 풀기　　□ 틀린 단어 복습하기
□　　□　　□

외운 단어에 V 못외운 단어에 ★

□ weather	ⓝ 날씨	□ rainbow	ⓝ 무지개
□ sunny	ⓐ 화창한, 햇살이 내리쬐는	□ season	ⓝ 계절
□ fine	ⓐ 좋은; 건강한; 맑은	□ spring	ⓝ 봄
□ rainy	ⓐ 비 오는, 비가 많은	□ summer	ⓝ 여름
□ snow	ⓝ 눈 ⓥ 눈이 내리다	□ fall	ⓝ 가을 ⓥ 떨어지다
□ fog	ⓝ 안개	□ winter	ⓝ 겨울
□ cloud	ⓝ 구름	□ cold	ⓐ 추운, 차가운
□ cloudy	ⓐ 구름이 잔뜩 낀, 흐린	□ hot	ⓐ 더운, 뜨거운
□ windy	ⓐ 바람이 많이 부는	□ cool	ⓐ 서늘한, 시원한
□ shower	ⓝ 소나기; 샤워(하기)	□ warm	ⓐ 따뜻한

TO-DO LIST

□ MP3 듣기 　　　　□ 표제어와 예문 읽기 　　　　□ 파생어 외우기

□ Daily Check-up 풀기 　　□ 누적 테스트 풀기 　　　□ 틀린 단어 복습하기

□ 　　　　　　　□ 　　　　　　　□

외운 단어에 V 못외운 단어에 ★

□ farm	ⓝ 농장	□ goat	ⓝ 염소
□ field	ⓝ 들판, 밭	□ factory	ⓝ 공장
□ grow	ⓥ (사람·동물이) 자라다; 기르다, 재배하다	□ produce	ⓥ 생산하다
□ rice	ⓝ 쌀, 밥; 벼	□ machine	ⓝ 기계
□ corn	ⓝ 옥수수	□ business	ⓝ 사업, 장사
□ vegetable	ⓝ 채소	□ lend	ⓥ 빌려주다
□ fish	ⓝ 물고기; 생선 ⓥ 낚시하다	□ rich	ⓐ 부유한, 부자인
□ ship	ⓝ (큰) 배 ⓥ (배나 다른 수단으로) 수송하다	□ poor	ⓐ 가난한; 불쌍한; (질적으로) 좋지 못한
□ pig	ⓝ 돼지	□ waste	ⓥ 낭비하다 ⓝ 낭비; 쓰레기, 폐기물
□ sheep	ⓝ 양	□ save	ⓥ (재난·위험 등에서) 구하다; 저축하다

TO-DO LIST

□ MP3 듣기   □ 표제어와 예문 읽기   □ 파생어 외우기
□ Daily Check-up 풀기   □ 누적 테스트 풀기   □ 틀린 단어 복습하기
□   □   □

외운 단어에 V 못외운 단어에 ★

□ society	ⓝ 사회	□ law	ⓝ 법
□ culture	ⓝ 문화	□ strongly	ⓐⓓ 강하게, 강력히
□ nation	ⓝ 국가	□ make fun of	~를 놀리다[비웃다]
□ local	ⓐ 지역의, 현지의	□ war	ⓝ 전쟁
□ believe in	~(의 존재)를 믿다	□ peace	ⓝ 평화
□ own	ⓐ 자기 자신의; 고유한 ⓥ 소유하다	□ group	ⓝ 무리, 집단; 단체
□ be from	~에서 오다, ~ 출신이다	□ member	ⓝ 구성원; 회원
□ news	ⓝ 뉴스, 보도; 소식	□ belong	ⓥ 속하다
□ report	ⓥ 보도하다; 보고하다 ⓝ 보도; 보고(서)	□ in need	궁핍한, 어려움에 처한
□ media	ⓝ (신문·TV 등의) 매체	□ care	ⓝ 보살핌, 돌봄 ⓥ 상관하다; 돌보다

TO-DO LIST

□ MP3 듣기　　　□ 표제어와 예문 읽기　　　□ 파생어 외우기

□ Daily Check-up 풀기　　□ 누적 테스트 풀기　　　□ 틀린 단어 복습하기

□　　　　　　　　□　　　　　　　　□

외운 단어에 V   못외운 단어에 ★

☐ scientist	ⓝ 과학자	☐ invent	ⓥ 발명하다
☐ wonder	ⓥ 궁금하다 ⓝ 경이, 놀라움	☐ key	ⓝ 열쇠; (성취의) 비결[열쇠]
☐ test	ⓝ 시험, 검사; 실험	☐ at last	마침내, 결국
☐ repeat	ⓥ 반복하다, 되풀이하다	☐ luck	ⓝ 행운; 운
☐ mix	ⓥ 섞다, 혼합하다	☐ prize	ⓝ 상, 상품
☐ result	ⓝ 결과	☐ search	ⓥ 검색하다, 찾아보다
☐ case	ⓝ 경우, 사례	☐ click	ⓥ 딸깍 소리가 나다; (마우스를) 클릭하다[누르다]
☐ discover	ⓥ 발견하다	☐ file	ⓝ 파일, 서류철
☐ puzzle	ⓝ 수수께끼, 퍼즐	☐ online	ⓐ 온라인의 ⓐⓓ 온라인으로
☐ find out	~을 알아내다[찾아내다]	☐ post	ⓥ 올리다, 게시하다

TO-DO LIST

☐ MP3 듣기   ☐ 표제어와 예문 읽기   ☐ 파생어 외우기
☐ Daily Check-up 풀기   ☐ 누적 테스트 풀기   ☐ 틀린 단어 복습하기
☐   ☐   ☐

40

Day 40 | 환경과 우주 | (Date) 년 월 일

외운 단어에 V 못외운 단어에 ★

☐ environment	ⓝ 환경	☐ recycle	ⓥ 재활용하다
☐ air	ⓝ 공기, 대기	☐ trash	ⓝ 쓰레기
☐ fire	ⓝ 불; 화재	☐ space	ⓝ 공간; 우주
☐ global warming	지구 온난화	☐ hole	ⓝ 구멍, 홀; 구덩이
☐ cover	ⓥ 덮다; 가리다	☐ be made up of	~로 구성되다
☐ bury	ⓥ 묻다	☐ Earth	ⓝ 지구
☐ smoke	ⓝ 연기 ⓥ 연기를 뿜다; 담배 피우다	☐ moon	ⓝ 달, 위성
☐ float	ⓥ (물 위에) 뜨다; 떠가다	☐ shine	ⓥ 빛나다, 비치다
☐ protect	ⓥ 보호하다, 지키다	☐ light	ⓝ 빛; (전)등 ⓐ 가벼운
☐ energy	ⓝ 에너지; 에너지원	☐ rocket	ⓝ 로켓

TO-DO LIST

☐ MP3 듣기   ☐ 표제어와 예문 읽기   ☐ 파생어 외우기

☐ Daily Check-up 풀기   ☐ 누적 테스트 풀기   ☐ 틀린 단어 복습하기

☐   ☐   ☐